초등
맞춤법＋받아쓰기
2

[1일 1쓰기] 초등 맞춤법 + 받아쓰기 2

지은이 안상현
펴낸이 임상진
펴낸곳 (주)넥서스

초판 1쇄 발행 2021년 7월 26일
초판 4쇄 발행 2024년 5월 20일

출판신고 1992년 4월 3일 제311-2002-2호
주소 10880 경기도 파주시 지목로 5
전화 (02)330-5500 팩스 (02)330-5555

ISBN 979-11-6683-082-2 63710
      979-11-6683-080-8 63710(SET)

www.nexusbook.com

1일 1쓰기

초등

안상현 지음

칭찬
스티커
수록

맞춤법 + 받아쓰기

2

따라 쓰기로 쉽게 맞춤법, 받아쓰기, 띄어쓰기를 모두 익혀요!

넥서스에듀

부모님께게

맞춤법 교육, 중요할까요?

혹시 아이들이 쓴 글을 본 적이 있으신가요? 일기장이든 독서 감상문이든 한번 살펴보세요. 맞춤법을 잘 지켜서 쓰고 있나요? 물론 아직 어리니까 괜찮다고 생각하실 수도 있습니다. 그러나 제 교직 생활 경험상 어릴 때부터 맞춤법을 계속 틀리는 아이들은 학년이 올라가도 쉽게 고쳐지지 않았습니다. 이미 수년간 사용해 왔고, 누구 하나 제대로 알려주지 않았던 탓에 익숙한 표현이 옳다고 생각하게 된 것입니다. 이런 학생들은 어른이 되어서도 고쳐지지 않을 확률이 높습니다. 그렇기 때문에 초등 저학년부터 제대로 된 맞춤법 교육이 필요합니다.

맞춤법은 국어 학습뿐만 아니라 전 교과 학습으로 이어집니다.

요즘 초등학교뿐 아니라 중학교, 고등학교에서도 지필 평가(결과 중심)보다 서술형·논술형 등의 수행 평가(과정 중심)의 비중이 높아지고 있습니다.

물론 글씨체와 글쓰기 능력도 중요한 요소지만, 맞춤법이 가장 기본적인 요소입니다. 글씨체를 생활적·태도적인 영역이라고 본다면, 맞춤법은 지식의 영역이라고 볼 수 있습니다. 유치원, 초등학교 저학년 시절에는 맞춤법이 틀리더라도 그냥 웃어넘길 수 있지만, 학년이 올라갈수록 단순히 웃고 넘어갈 수 있는 일이 아닙니다.

특히 학생 스스로가 맞춤법에 자신이 없고 위축되기 시작하면, 전 교과 학습에 안 좋은 영향을 끼칠 수도 있습니다.

맞춤법을 정확하게 쓰려면 어떻게 해야 할까요?

❶ 잘못 사용하고 있는 맞춤법이 무엇인지 정확히 알아야 합니다.
❷ 올바른 맞춤법을 자주 봐야 합니다.
❸ 손으로 직접 써야 합니다.
❹ 평소에도 자연스럽게 사용해야 합니다.

맞춤법을 틀리는 가장 큰 이유 중 하나는 본인이 쓴 맞춤법이 맞는 표현인지, 틀린 표현인지 모른다는 것입니다. 그렇기 때문에 이를 꼭 알려 주어야 합니다. 주위 사람들이 잘못 사용하는 맞춤법, 그중에서도 초등학생들이 많이 틀리는 맞춤법, 헷갈리는 단어들은 무엇이 있는지 다양한 예시를 보여 주고, 올바른 맞춤법을 알려 주어야 합니다.

이런 과정에서 당연히 직접 써 보는 활동도 큰 도움이 됩니다. 짧은 기간에 모든 맞춤법을 고치는 것은 힘들고 학생들도 지칠 수밖에 없습니다. 아이가 부담을 느끼지 않도록 천천히 한 단계씩 지도해 주시면 됩니다. 쉬운 것부터 점점 어려운 단어 순서로 하루에 3~4개 정도의 단어만 확인해 보고, 실생활에서 직접 활용한다면 올바른 맞춤법이 자리 잡힌 모습을 기대할 수 있을 것입니다.

구성 및 특징

맞춤법 익히기

매일 따라 쓰며 바른 글씨로
올바른 맞춤법을 익혀요.

재미있는 쓰기 활동

따라 쓰며 익힌 맞춤법을 이용해
재미있는 쓰기 활동을 해요.

받아쓰기

다양한 쓰기 활동으로
맞춤법을 충분히 익힌 후,
받아쓰기를 해 보세요.

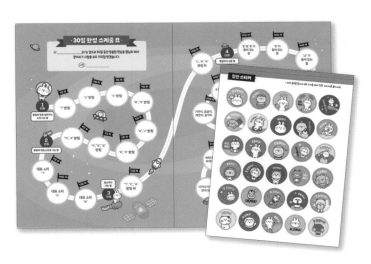

30일 완성 스케줄 표 & 칭찬 스티커

하루치 학습(하루 4쪽)을 끝내면
스케줄 표에 칭찬 스티커를 붙여 주세요.
동기 부여가 되어 더 열심히 할 수 있어요.

2권

·30일 완성 스케줄 표·

나 _____은/는 앞으로 30일 동안 맞춤법 연습을 열심히 해서 받아쓰기 시험을 모두 100점 맞겠습니다.

사인 _____

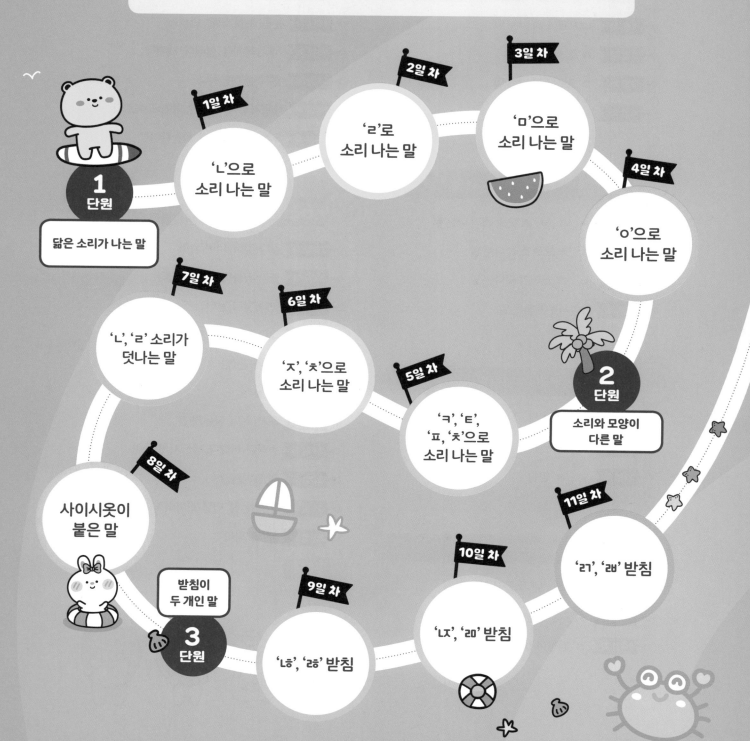

1일 차 'ㄴ'으로 소리 나는 말

2일 차 'ㄹ'로 소리 나는 말

3일 차 'ㅁ'으로 소리 나는 말

4일 차 'ㅇ'으로 소리 나는 말

1단원 닮은 소리가 나는 말

7일 차 'ㄴ', 'ㄹ' 소리가 덧나는 말

6일 차 'ㅈ', 'ㅊ'으로 소리 나는 말

5일 차 'ㅋ', 'ㅌ', 'ㅍ', 'ㅊ'으로 소리 나는 말

2단원 소리와 모양이 다른 말

8일 차 사이시옷이 붙은 말

3단원 받침이 두 개인 말

9일 차 'ㄶ', 'ㅀ' 받침

10일 차 'ㄵ', 'ㄻ' 받침

11일 차 'ㄺ', 'ㄼ' 받침

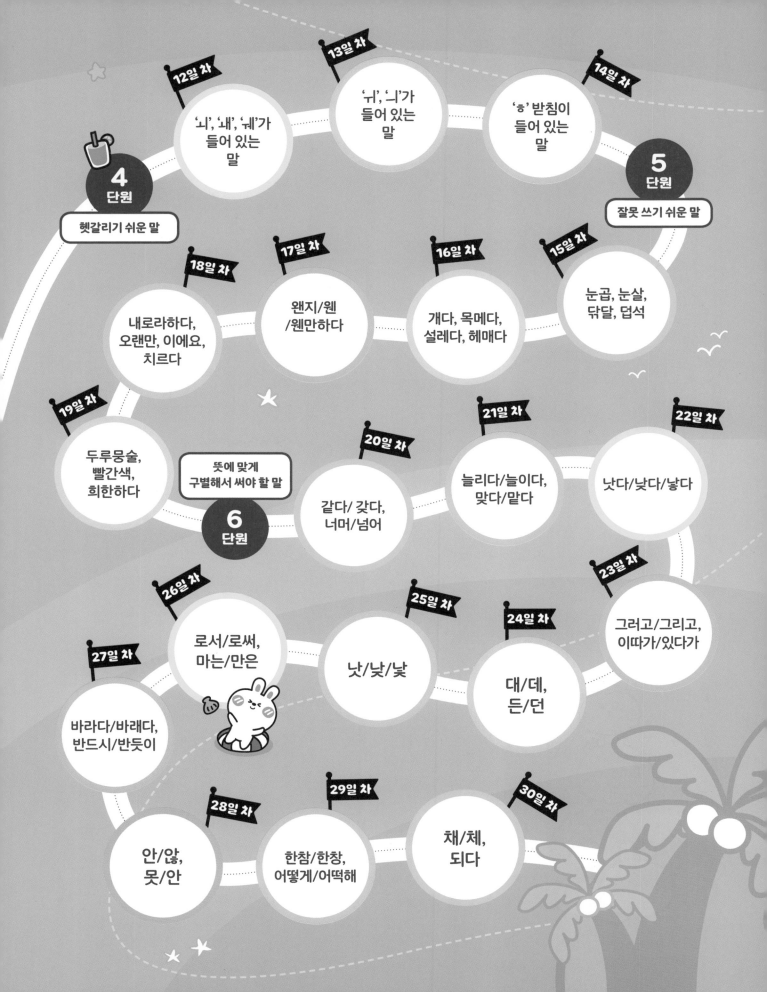

닮은 소리가 나는 말

'ㄴ'으로 소리 나는 말 닫는다, 대통령, 협력, 국력

⭐ 바른 글자 익히기

모양	소리
닫는다	단는다

문을 닫 는 다 .

'닫는다'는 [단는다]로 소리 나듯이 음절의 끝 자음과 뒤에 오는 첫 자음이 만날 때, 서로 영향을 주고받아서 비슷하거나 같은 소리로 바뀌어요. 이를 자음 동화 라고 합니다. 하지만 쓸 때에는 'ㄷ' 받침을 그대로 살려서 써야 해요.

✏️ 낱말을 바르게 따라 써 보세요.

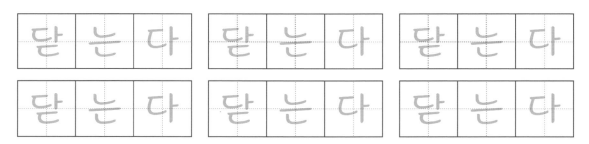

닫	는	다

닫	는	다

닫	는	다

닫	는	다

닫	는	다

닫	는	다

✏️ 문장을 바르게 따라 써 보세요.

밤		10	시		이	후	에	는		음
식	점		문	을		닫	는	다	.	

밤		10	시		이	후	에	는		음
식	점		문	을		닫	는	다	.	

★ 바른 글자 익히기

모양	소리
대통령	**대통녕**

그는 대 통 령 입니다.

'대통령'이 [대통녕]으로 소리 나듯이 음절의 끝 자음과 뒤에 오는 첫 자음이 만날 때, 서로 영향을 주고받아서 비슷하거나 같은 소리로 바뀌어요. 하지만 쓸 때에는 'ㄹ'을 그대로 살려서 써야 해요.

✏️ 낱말을 바르게 따라 써 보세요.

대	통	령

대	통	령

대	통	령

대	통	령

대	통	령

대	통	령

✏️ 문장을 바르게 따라 써 보세요.

대	통	령	의		임	기	는		5	년
입	니	다	.							

대	통	령	의		임	기	는		5	년
입	니	다	.							

⭐ 바른 글자 익히기

모양	소리
협력	**혐녁**

친구들과 협 력 을 해요.

'협력'이 [혐녁]으로 소리 나듯이 음절의 끝 자음과 뒤에 오는 첫 자음이 만날 때, 서로 영향을 주고받아서 비슷하거나 같은 소리로 바뀌어요. 하지만 쓸 때에는 'ㅂ' 받침과 'ㄹ'을 그대로 살려서 써야 해요.

✏️ 낱말을 바르게 따라 써 보세요.

협	력

협	력

협	력

협	력

협	력

협	력

✏️ 문장을 바르게 따라 써 보세요.

우	리	는		협	력	해	서		문	제
를		해	결	했	다	.				

우	리	는		협	력	해	서		문	제
를		해	결	했	다	.				

 바른 글자 익히기

모양	소리
국력	궁녁

국 력 은 '나라의 힘'을 뜻해요.

'국력'이 [궁녁]으로 소리 나듯이 음절의 끝 자음과 뒤에 오는 첫 자음이 만날 때, 서로 영향을 주고받아서 비슷하거나 같은 소리로 바뀌어요. 하지만 쓸 때에는 'ㄱ' 받침과 'ㄹ'을 그대로 살려서 써야 해요.

✏️ 낱말을 바르게 따라 써 보세요.

국	력

국	력

국	력

국	력

국	력

국	력

✏️ 문장을 바르게 따라 써 보세요.

우	리	나	라	의		국	력	은		어
느		정	도	일	까	요	?			

우	리	나	라	의		국	력	은		어
느		정	도	일	까	요	?			

15

'ㄹ'로 소리 나는 말 설날, 원래, 난로

⭐ 바른 글자 익히기

모양	소리
설날	**설랄**

설 날 에는 떡국을 먹어요.

'설날'이 [설랄]로 소리 나듯이 음절의 끝 자음과 뒤에 오는 첫 자음이 만날 때, 두 자음이 서로 영향을 주고받아서 비슷하거나 같은 소리로 바뀌어요. 하지만 쓸 때에는 'ㄴ'을 그대로 살려서 써야 해요.

✏️ 낱말을 바르게 따라 써 보세요.

설	날
설	날

설	날
설	날

설	날
설	날

✏️ 문장을 바르게 따라 써 보세요.

설	날	에	는		어	른	들	께		세
배	를		드	려	요	.				

설	날	에	는		어	른	들	께		세
배	를		드	려	요	.				

⭐ **바른 글자 익히기**

모양	소리
원래	월래

원 래 그것은 내 것이다.

'원래'가 [월래]로 소리 나듯이 음절의 끝 자음과 뒤에 오는 첫 자음이 만날 때, 서로 영향을 주고받아서 비슷하거나 같은 소리로 바뀌어요. 하지만 쓸 때에는 'ㄴ' 받침을 그대로 살려서 써야 해요.

✏️ **낱말을 바르게 따라 써 보세요.**

원	래
원	래

원	래
원	래

원	래
원	래

✏️ **문장을 바르게 따라 써 보세요.**

여	행		일	정	은		원	래		계
획	대	로		진	행	되	었	어	요	.

여	행		일	정	은		원	래		계
획	대	로		진	행	되	었	어	요	.

⭐ 바른 글자 익히기

모양	소리
난로	날로

추우면 난 로 를 틀어요.

'난로'가 [날로]로 소리 나듯이 음절의 끝 자음과 뒤에 오는 첫 자음이 만날 때, 두 자음이 서로 영향을 주고받아서 비슷하거나 같은 소리로 바뀌어요. 하지만 쓸 때에는 'ㄴ'을 그대로 살려서 써야 해요.

✏️ 낱말을 바르게 따라 써 보세요.

난	로

난	로

난	로

난	로

난	로

난	로

✏️ 문장을 바르게 따라 써 보세요.

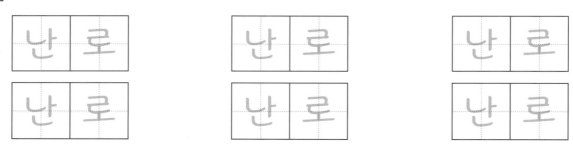

요	즘	에	는		난	로	를		많	이
사	용	하	지		않	아	요	.		

요	즘	에	는		난	로	를		많	이
사	용	하	지		않	아	요	.		

재미있는 쓰기 활동

✏️ 빈칸에 알맞은 글자를 찾아 이어 본 후, 단어를 완성하세요. (같은 글자가 또 나오기도 해요.)

1

| 협 | |

・

・녁

2

| 국 | |

・

・력

・난

3

| 설 | |

・

・날

4

| | 로 |

・

・랄

'ㅁ'으로 소리 나는 말 잡념, 답례, 합리적, 앞날

★ 바른 글자 익히기

모양	소리
잡념	잠념

잡 념 을 없애다.

잡념은 '여러 가지 잡스러운 생각'을 말해요.

'잡념'이 [잠념]으로 소리 나듯이 음절의 끝 자음과 뒤에 오는 첫 자음이 만날 때, 두 자음이 서로 영향을 주고받아서 비슷하거나 같은 소리로 바뀌어요. 하지만 쓸 때에는 'ㅂ' 받침을 그대로 살려서 써야 해요.

✏️ 낱말을 바르게 따라 써 보세요.

잡	념

잡	념

잡	념

잡	념

잡	념

잡	념

✏️ 문장을 바르게 따라 써 보세요.

독	서	에		집	중	하	면		잡	념
이		사	라	져	서			좋	아	요.

독	서	에		집	중	하	면		잡	념
이		사	라	져	서			좋	아	요.

★ 바른 글자 익히기

모양	소리
답례	**담녜**

미소로 답 례 했다.

> 답례란 '말, 동작 물건 따위로 남에게서 받은 예를 도로 갚음'을 말해요.

'답례'가 [담녜]로 소리 나듯이 음절의 끝 자음과 뒤에 오는 첫 자음이 만날 때, 두 자음이 서로 영향을 주고받아서 비슷하거나 같은 소리로 바뀌어요. 하지만 쓸 때에는 'ㅂ' 받침과 'ㄹ'을 그대로 살려서 써야 해요.

✏️ 낱말을 바르게 따라 써 보세요.

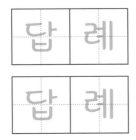

답	례

답	례

답	례

답	례

답	례

답	례

✏️ 문장을 바르게 따라 써 보세요.

돌	잔	치	에	서		답	례	품	으	로
수	건	을		받	았	어	요	.		

돌	잔	치	에	서		답	례	품	으	로
수	건	을		받	았	어	요	.		

★ 바른 글자 익히기

모양	소리
합리적	함니적

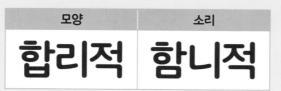 합 리 적 인 선택

 합리적이란 '이론이나 이치에 합당한 것'을 말해요.

'합리적'이 [함니적]으로 소리 나듯이 음절의 끝 자음과 뒤에 오는 첫 자음이 만날 때, 두 자음이 서로 영향을 주고받아서 비슷하거나 같은 소리로 바뀌어요. 하지만 쓸 때에는 'ㅇ' 받침과 'ㄹ'을 그대로 살려서 써야 해요.

✏️ 낱말을 바르게 따라 써 보세요.

합	리	적

합	리	적

합	리	적

합	리	적

합	리	적

합	리	적

✏️ 문장을 바르게 따라 써 보세요.

합	리	적	인		가	격	으	로		컴
퓨	터	를			구	매	했	어	요	.

합	리	적	인		가	격	으	로		컴
퓨	터	를			구	매	했	어	요	.

 **바른 글자 익히기**

모양	소리
앞날	암날

앞 날 이 기대된다.

'앞날'이 [암날]로 소리 나듯이 음절의 끝 자음과 뒤에 오는 첫 자음이 만날 때,
두 자음이 서로 영향을 주고받아서 비슷하거나 같은 소리로 바뀌어요.
하지만 쓸 때에는 'ㅍ' 받침을 그대로 살려서 써야 해요.

✏️ **낱말을 바르게 따라 써 보세요.**

앞	날
앞	날

앞	날
앞	날

앞	날
앞	날

✏️ **문장을 바르게 따라 써 보세요.**

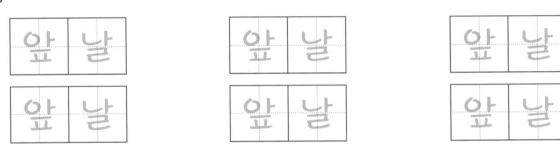

이	미		지	나	간		과	거	보	다
는		앞	날	을		생	각	해	요	.

이	미		지	나	간		과	거	보	다
는		앞	날	을		생	각	해	요	.

'○'으로 소리 나는 말 격려, 국물, 학문

⭐ 바른 글자 익히기

모양	소리
격려	경녀

 격 려 말씀 감사합니다.

'격려'가 [경녀]로 소리 나듯이 음절의 끝 자음과 뒤에 오는 첫 자음이 만날 때, 두 자음이 서로 영향을 주고받아서 비슷하거나 같은 소리로 바뀌어요. 하지만 쓸 때에는 'ㄱ' 받침과 'ㄹ'을 그대로 살려서 써야 해요.

✏️ 낱말을 바르게 따라 써 보세요.

격	려

격	려

격	려

격	려

격	려

격	려

✏️ 문장을 바르게 따라 써 보세요.

시	합	을		앞	두	고		친	구	를
격	려	했	어	요	.					

시	합	을		앞	두	고		친	구	를
격	려	했	어	요	.					

★ 바른 글자 익히기

모양	소리
국물	궁물

 국 물 을 마시다.

'국물'이 [궁물]로 소리 나듯이 음절의 끝 자음과 뒤에 오는 첫 자음이 만날 때, 두 자음이 서로 영향을 주고받아서 비슷하거나 같은 소리로 바뀌어요. 하지만 쓸 때에는 'ㄱ' 받침을 그대로 살려서 써야 해요.

✏️ **낱말을 바르게 따라 써 보세요.**

국	물

국	물

국	물

국	물

국	물

국	물

✏️ **문장을 바르게 따라 써 보세요.**

국	물		한		방	울		남	기	지
않	고		다		먹	었	어	요	.	

국	물		한		방	울		남	기	지
않	고		다		먹	었	어	요	.	

★ 바른 글자 익히기

모양	소리
학문	항문

학 문 을 배우다.

'학문'이 [항문]으로 소리 나듯이 음절의 끝 자음과 뒤에 오는 첫 자음이 만날 때, 두 자음이 서로 영향을 주고받아서 비슷하거나 같은 소리로 바뀌어요. 하지만 쓸 때에는 'ㄱ' 받침을 그대로 살려서 써야 해요.

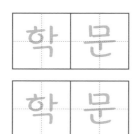 낱말을 바르게 따라 써 보세요.

학	문
학	문

학	문
학	문

학	문
학	문

✏ 문장을 바르게 따라 써 보세요.

그	는		글	을		읽	으	며		학
문	에		정	진	했	다	.			

그	는		글	을		읽	으	며		학
문	에		정	진	했	다	.			

재미있는 쓰기 활동

✏️ 빈칸에 알맞은 글자를 찾아 이어 본 후, 단어를 완성하세요. (같은 글자가 또 나오기도 해요.)

1  | | 물 | ·

· 학

2  | | 례 | 품 | ·

· 잡

3  | | 문 | ·

· 답

4  | | 념 | ·

· 국

받아쓰기

🎧 받아쓰기 듣기

✏️ **문장을 잘 듣고 받아 써 보세요.** (정답 146쪽의 문장을 불러 주시거나 QR을 찍어 들려주세요.)

1

2

3

4

5

6

7

8

소리와 모양이 다른 말

5일차

'ㅋ', 'ㅌ', 'ㅍ', 'ㅊ'으로 소리 나는 말 축하, 맏형, 입학, 젖히다

⭐ 바른 글자 익히기

모양	소리
축하	추카

생일 축 하 해!

'축하'는 [추카]로 소리 나듯이 'ㄱ', 'ㄷ', 'ㅂ', 'ㅈ' 자음이 'ㅎ' 자음과 만나면 'ㅋ', 'ㅌ', 'ㅍ', 'ㅊ'으로 소리 나요. 하지만 쓸 때에는 'ㄱ' 받침을 그대로 살려서 써야 해요.

✏️ 낱말을 바르게 따라 써 보세요.

축	하		축	하		축	하

축	하		축	하		축	하

✏️ 문장을 바르게 따라 써 보세요.

부	모	님	,	결	혼	기	념	일	을	
축	하	드	려	요	.					

부	모	님	,	결	혼	기	념	일	을	
축	하	드	려	요	.					

⭐ 바른 글자 익히기

모양	소리
맏형	마텽

그는 든든한 맏 형 이 다.

'맏형'은 [마텽]으로 소리 나듯이 'ㄱ', 'ㄷ', 'ㅂ', 'ㅈ' 자음이 'ㅎ' 자음과 만나면 'ㅋ', 'ㅌ', 'ㅍ', 'ㅊ'로 소리 나요. 하지만 쓸 때에는 'ㄷ' 받침을 그대로 살려서 써야 해요.

✏️ **낱말을 바르게 따라 써 보세요.**

맏	형

맏	형

맏	형

맏	형

맏	형

맏	형

✏️ **문장을 바르게 따라 써 보세요.**

그	는		동	생	들	을		잘		돌
보	는		착	한		맏	형	이	다	.

그	는		동	생	들	을		잘		돌
보	는		착	한		맏	형	이	다	.

⭐ **바른 글자 익히기**

모양	소리
입학	**이팍**

입 학 하는 날

'입학'은 [이팍]으로 소리 나듯이 'ㄱ', 'ㄷ', 'ㅂ', 'ㅈ' 자음이 'ㅎ' 자음과 만나면 'ㅋ', 'ㅌ', 'ㅍ', 'ㅊ'으로 소리 나요. 하지만 쓸 때에는 'ㅂ' 받침을 그대로 살려서 써야 해요.

✏️ **낱말을 바르게 따라 써 보세요.**

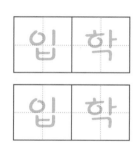

✏️ **문장을 바르게 따라 써 보세요.**

유	치	원	을		졸	업	하	고	,	초
등	학	교	에		입	학	해	요	.	

유	치	원	을		졸	업	하	고	,	초
등	학	교	에		입	학	해	요	.	

 **바른 글자 익히기**

모양	소리
젖히다	저치다

고개를 젖 히 다 .

'젖히다'는 [저치다]로 소리 나듯이 'ㄱ', 'ㄷ', 'ㅂ', 'ㅈ' 자음이 'ㅎ' 자음과 만나면 'ㅋ', 'ㅌ', 'ㅍ', 'ㅊ'으로 소리 나요. 하지만 쓸 때에는 'ㅈ' 받침을 그대로 살려서 써야 해요.

✏️ **낱말을 바르게 따라 써 보세요.**

젖	히	다

젖	히	다

젖	히	다

젖	히	다

젖	히	다

젖	히	다

✏️ **문장을 바르게 따라 써 보세요.**

의	자	를		뒤	로		젖	혀	도	
될	까	요	?							

의	자	를		뒤	로		젖	혀	도	
될	까	요	?							

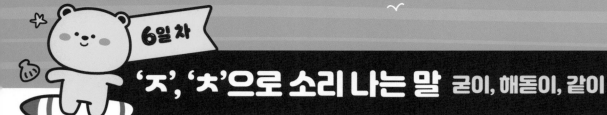

'ㅈ', 'ㅊ'으로 소리 나는 말 굳이, 해돋이, 같이

⭐ 바른 글자 익히기

모양	소리
굳이	구지

야식을 굳 이 먹어야겠어?

'굳이'는 [구디]가 아니라 [구지]로 소리 나요. 받침에 'ㄷ', 'ㅌ'이 오고 뒤에 모음 'ㅣ'가 올 때, 'ㄷ', 'ㅌ'이 'ㅈ', 'ㅊ'으로 발음되는데 이를 구개음화라고 합니다. 하지만 쓸 때에는 'ㄷ' 받침을 그대로 살려서 써야 해요.

✏️ 낱말을 바르게 따라 써 보세요.

굳	이
굳	이

굳	이
굳	이

굳	이
굳	이

✏️ 문장을 바르게 따라 써 보세요.

나	에	게		굳	이		보	여		줄
필	요	는		없	어	.				

나	에	게		굳	이		보	여		줄
필	요	는		없	어	.				

★ 바른 글자 익히기

모양	소리
해돋이	해도지

해 돋 이 를 보다.

'해돋이'는 [해도디]가 아니라 [해도지]로 소리 나요. 받침에 'ㄷ', 'ㅌ'이 오고 뒤에 모음 'ㅣ'가 올 때, 'ㄷ', 'ㅌ'이 'ㅈ', 'ㅊ'으로 발음됩니다. 하지만 쓸 때에는 'ㄷ' 받침을 그대로 살려서 써야 해요.

✏️ 낱말을 바르게 따라 써 보세요.

해	돋	이	해	돋	이	해	돋	이
해	돋	이	해	돋	이	해	돋	이

✏️ 문장을 바르게 따라 써 보세요.

해	돋	이	를		보	며		새	해	
소	원	을		빌	어	요	.			

해	돋	이	를		보	며		새	해	
소	원	을		빌	어	요	.			

35

⭐ 바른 글자 익히기

모양	소리
같이	가치

같 이 놀아요.

'같이'는 [가티]가 아니라 [가치]로 소리 나요. 받침에 'ㄷ', 'ㅌ'이 오고 뒤에 모음 'ㅣ'가 올 때, 'ㄷ', 'ㅌ'이 'ㅈ', 'ㅊ'으로 발음됩니다. 하지만 쓸 때에는 'ㅌ' 받침을 그대로 살려서 써야 해요.

✏️ 낱말을 바르게 따라 써 보세요.

같	이
같	이

같	이
같	이

같	이
같	이

✏️ 문장을 바르게 따라 써 보세요.

저	녁	에	는		다	같	이		모	여
식	사	를		해	요	.				
저	녁	에	는		다	같	이		모	여
식	사	를		해	요	.				

재미있는 쓰기 활동

✏️ 두 개의 문장 중에서 맞춤법에 맞게 쓴 문장을 고르세요.

1

가 친구야, 생일 추카해!

나 친구야, 생일 축하해!

2

가 맏형이 맛있는 음식을 사줬다.

나 마텽이 맛있는 음식을 사줬다.

3

가 1월 1일에 가족들과 해도지를 보러 갔어요.

나 1월 1일에 가족들과 해돋이를 보러 갔어요.

4

가 쉬는 시간에 친구들과 같이 놀아요.

나 쉬는 시간에 친구들과 가치 놀아요.

'ㄴ', 'ㄹ' 소리가 덧나는 말 깻잎, 뒷일, 알약, 물엿

⭐ 바른 글자 익히기

모양	소리
깻잎	깬닙

깻 잎 한 장

'깻잎'은 [깬닙]으로 소리 나요. 순우리말로 된 합성어에서 뒷말의 첫소리 모음 앞에서 'ㄴ', 'ㄴ' 소리가 덧나는 경우가 있어요. 하지만 쓸 때에는 'ㅅ' 받침을 살려서 '깻잎'이라고 써야 해요.

✏️ 낱말을 바르게 따라 써 보세요.

깻	잎

깻	잎

깻	잎

깻	잎

깻	잎

깻	잎

✏️ 문장을 바르게 따라 써 보세요.

고	기	를		깻	잎	에		싸	서	
먹	어	요	.							

고	기	를		깻	잎	에		싸	서	
먹	어	요	.							

⭐ 바른 글자 익히기

모양	소리
뒷일	뒨닐

뒷 일 을 부탁하네.

'뒷일'은 [뒨닐]로 소리 나요. 순우리말로 된 합성어에서 뒷말의 첫소리 모음 앞에서 'ㄴ', 'ㄴ' 소리가 덧나는 경우가 있어요. 하지만 쓸 때에는 'ㅅ' 받침을 살려서 '뒷일'이라고 써야 해요.

✏️ 낱말을 바르게 따라 써 보세요.

뒷	일
뒷	일

뒷	일
뒷	일

뒷	일
뒷	일

✏️ 문장을 바르게 따라 써 보세요.

뒷	일	은		제	가		책	임	질	테
니		걱	정		마	세	요	.		

뒷	일	은		제	가		책	임	질	테
니		걱	정		마	세	요	.		

⭐ 바른 글자 익히기

모양	소리
알약	**알략**

 은 삼키기 어려워요.

'알약'은 'ㄹ' 받침이 뒤로 넘어가서 [아략]으로 소리 나지 않고 [알략]으로 소리 나요. 이는 'ㄹ' 소리가 덧나는 경우입니다. 하지만 쓸 때에는 '알략'이 아니라 '알약'이라고 써야 해요.

✏️ 낱말을 바르게 따라 써 보세요.

 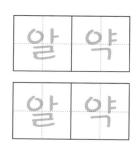

알	약
알	약

알	약
알	약

알	약
알	약

✏️ 문장을 바르게 따라 써 보세요.

이		알	약	은		감	기		걸	렸
을		때		먹	어	요	.			

이		알	약	은		감	기		걸	렸
을		때		먹	어	요	.			

 **바른 글자 익히기**

모양	소리
물엿	물렫

물 엿 은 요리 조미료이다.

'물엿'은 'ㄹ' 받침이 뒤로 넘어가서 [무렫]으로 소리 나지 않고 [물렫]으로 소리 나요. 이는 'ㄹ' 소리가 덧나는 경우입니다. 하지만 쓸 때에는 '물렫', '물렷'이 아니라 '물엿'이라고 써야 해요.

 **낱말을 바르게 따라 써 보세요.**

물	엿
물	엿

물	엿
물	엿

물	엿
물	엿

문장을 바르게 따라 써 보세요.

나	는		요	리	할		때		물	엿
을		많	이		사	용	한	다	.	

나	는		요	리	할		때		물	엿
을		많	이		사	용	한	다	.	

사이시옷이 붙은 말 촛불, 잇몸, 나뭇잎

⭐ 바른 글자 익히기

모양	소리
촛불	초뿔

촛 불 을 켜다.

'촛불'은 '초'와 '불'이 합쳐진 말로 [초뿔]로 소리 나요. 이때 단어 사이에 'ㅅ' 받침을 붙이는데, 단어 사이에 'ㅅ'이 들어간다고 해서 사이시옷이라고 해요.

✏️ 낱말을 바르게 따라 써 보세요.

촛	불

촛	불

촛	불

촛	불

촛	불

촛	불

✏️ 문장을 바르게 따라 써 보세요.

생	일		케	이	크	에		촛	불	을
켰	어	요	.							

생	일		케	이	크	에		촛	불	을
켰	어	요	.							

★ 바른 글자 익히기

모양	소리
잇몸	인몸

잇 몸 이 보이게 웃는다.

'잇몸'은 '이'와 '몸'이 합쳐진 말로 [인몸]으로 소리 나요. 이때 단어 사이에 'ㅅ' 받침을 붙이는데, 단어 사이에 'ㅅ'이 들어간다고 해서 사이시옷이라고 해요.

✏️ 낱말을 바르게 따라 써 보세요.

잇	몸
잇	몸

잇	몸
잇	몸

잇	몸
잇	몸

✏️ 문장을 바르게 따라 써 보세요.

이	나		잇	몸	이		아	프	면
치	과	에		가	요	.			

이	나		잇	몸	이		아	프	면
치	과	에		가	요	.			

⭐ 바른 글자 익히기

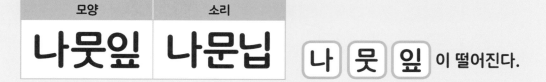

모양	소리
나뭇잎	나문닙

나 뭇 잎 이 떨어진다.

'나뭇잎'은 '나무'와 '잎'이 합쳐진 말로 [나문닙]으로 소리 나요. 이때 단어 사이에 'ㅅ' 받침을 붙이는데, 단어 사이에 'ㅅ'이 들어간다고 해서 사이시옷이라고 해요.

✏️ 낱말을 바르게 따라 써 보세요.

나	뭇	잎

나	뭇	잎

나	뭇	잎

나	뭇	잎

나	뭇	잎

나	뭇	잎

✏️ 문장을 바르게 따라 써 보세요.

가	을	이		되	면		나	뭇	잎	이
예	쁘	게		물	들	어	요	.		

가	을	이		되	면		나	뭇	잎	이
예	쁘	게		물	들	어	요	.		

재미있는 쓰기 활동

✏️ 두 개의 문장 중에서 맞춤법에 맞게 쓴 문장을 고르세요.

1

가 삼겹살을 상추와 깻잎에 싸서 먹어요.

나 삼겹살을 상추와 깬닙에 싸서 먹어요.

2

가 알략이 커서 삼키기 어려워요.

나 알약이 커서 삼키기 어려워요.

3

가 생일 케이크 초불을 입으로 불어서 껐어요.

나 생일 케이크 촛불을 입으로 불어서 껐어요.

4

가 바람이 불자 나무잎이 떨어져요.

나 바람이 불자 나뭇잎이 떨어져요.

받아쓰기

🎧 받아쓰기 듣기

✏️ **문장을 잘 듣고 받아 써 보세요.** (정답 146쪽의 문장을 불러 주시거나 QR을 찍어 들려주세요.)

1

2

3

4

5

6

7

8

46

3단원

받침이
두 개인 말

'ㄶ', 'ㅀ' 받침 많다, 괜찮다, 옳다, 잃다

⭐ 바른 글자 익히기

모양	소리
많다	만타

친구가 많 다.

'많다'는 [만타]로 소리 나요. 'ㄶ'처럼 받침이 2개 있는 경우 뒤의 글자가 'ㄱ', 'ㄷ', 'ㅈ' 자음이면 'ㅎ'과 합쳐져서 'ㅋ', 'ㅌ', 'ㅊ'으로 소리 납니다. 하지만 쓸 때에는 'ㄶ' 받침을 그대로 살려서 '많다'라고 써야 해요.

✏️ 낱말을 바르게 따라 써 보세요.

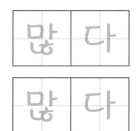

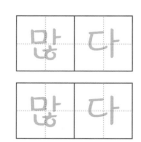

많	다		많	다		많	다
많	다		많	다		많	다

✏️ 문장을 바르게 따라 써 보세요.

도	서	관	에		가	면		읽	고	
싶	은		책	이		많	다	.		

도	서	관	에		가	면		읽	고	
싶	은		책	이		많	다	.		

⭐ **바른 글자 익히기**

모양	소리
괜찮다	괜찬타

맛이 괜 찮 다 .

'괜찮다'는 [괜찬타]로 소리 나요. 발음대로 '괜찬타'라고 잘못 쓰는 사람들이 있는데 쓸 때에는 'ㄶ' 받침을 그대로 살려서 '괜찮다'라고 써야 해요.

✏️ **낱말을 바르게 따라 써 보세요.**

괜	찮	다

괜	찮	다

괜	찮	다

괜	찮	다

괜	찮	다

괜	찮	다

✏️ **문장을 바르게 따라 써 보세요.**

자	고		일	어	났	더	니		몸	이
괜	찮	다	.							

자	고		일	어	났	더	니		몸	이
괜	찮	다	.							

49

⭐ 바른 글자 익히기

모양	소리
옳다	올타

네 말이 옳 다 .

'옳다'는 [올타]로 소리 나요. 'ㄹㅎ'처럼 받침이 2개 있는 경우 뒤의 글자가 'ㄱ, ㄷ, ㅈ' 자음이면 'ㅎ'과 합쳐져서 'ㅋ', 'ㅌ', 'ㅊ'으로 소리 납니다. 하지만 쓸 때에는 'ㄹㅎ' 받침을 그대로 살려서 써야 해요.

✏️ 낱말을 바르게 따라 써 보세요.

옳	다

옳	다

옳	다

옳	다

옳	다

옳	다

✏️ 문장을 바르게 따라 써 보세요.

듣	고		보	니		네		말	이
옳	다	.							

듣	고		보	니		네		말	이
옳	다	.							

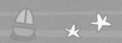

⭐ 바른 글자 익히기

모양	소리
잃다	일타

길을 잃 다 .

'잃다'는 [일타]로 소리 나요. 발음대로 '일타'라고 잘못 쓰는 사람들이 있는데 쓸 때에는 'ㅀ' 받침을 그대로 살려서 '잃다'라고 써야 해요.

✏️ 낱말을 바르게 따라 써 보세요.

잃	다

잃	다

잃	다

잃	다

잃	다

잃	다

✏️ 문장을 바르게 따라 써 보세요.

깊	은		산	속	에	서		길	을	
잃	다	.								

깊	은		산	속	에	서		길	을	
잃	다	.								

'ᆬ', 'ᆱ' 받침 앉다, 얹다, 굶다, 닮다

⭐ 바른 글자 익히기

모양	소리
앉다	안따

자리에 앉 다 .

'앉다'는 [안따]로 소리 나요. 'ᆬ'처럼 받침이 2개 있는 경우 뒤의 글자가
'ㄱ', 'ㄷ', 'ㅅ', 'ㅈ' 자음이면 된소리로 발음해요. 하지만 쓸 때에는 받침 'ᆬ'을
그대로 살려서 써야 해요.

✏️ 낱말을 바르게 따라 써 보세요.

앉	다
앉	다

앉	다
앉	다

앉	다
앉	다

✏️ 문장을 바르게 따라 써 보세요.

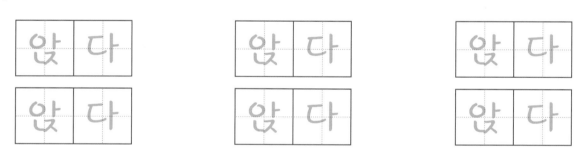

다	리	를		쭉		뻗	고		편	하
게		앉	다	.						

다	리	를		쭉		뻗	고		편	하
게		앉	다	.						

모양	소리
얹다	**언따**

이마에 손을 얹 다 .

'얹다'는 [언따]로 소리 나요. 'ㄵ'처럼 받침이 2개 있는 경우 뒤의 글자가 'ㄱ', 'ㄷ', 'ㅅ', 'ㅈ' 자음이면 된소리로 발음해요. 하지만 쓸 때에는 받침 'ㄵ'을 그대로 살려서 써야 해요.

✏️ **낱말을 바르게 따라 써 보세요.**

얹	다

얹	다

얹	다

얹	다

얹	다

얹	다

✏️ **문장을 바르게 따라 써 보세요.**

열	이		나	는		동	생		이	마
에		물	수	건	을		얹	다	.	

열	이		나	는		동	생		이	마
에		물	수	건	을		얹	다	.	

⭐ **바른 글자 익히기**

모양	소리
굶다	굼따

밥을  굶 다.

'굶다'는 [굼따]로 소리 나요. 'ㄹㅁ'처럼 받침이 2개 있는 경우 뒤의 글자가 자음으로 시작하면 뒷 받침 'ㅁ'이 남고, 뒤의 자음은 된소리로 발음해요. 하지만 쓸 때에는 받침 'ㄹㅁ'을 그대로 살려서 써야 해요.

✏️ **낱말을 바르게 따라 써 보세요.**

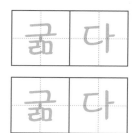  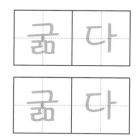

✏️ **문장을 바르게 따라 써 보세요.**

먹	을		것	이		없	어		하	루
종	일		쫄	쫄		굶	다	.		

먹	을		것	이		없	어		하	루
종	일		쫄	쫄		굶	다	.		

 **바른 글자 익히기**

모양	소리
닮다	담따

모습이 닮 다 .

'닮다'는 [담따]로 소리 나요. 하지만 쓸 때에는 받침 'ㄺ'을 그대로 살려서 써야 해요.

✏️ **낱말을 바르게 따라 써 보세요.**

닮	다

닮	다

닮	다

닮	다

닮	다

닮	다

✏️ **문장을 바르게 따라 써 보세요.**

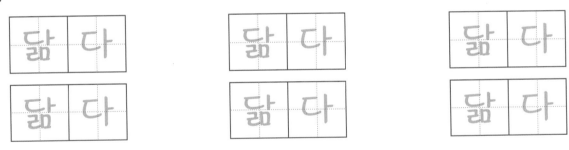

아	기		얼	굴	이		엄	마	를	
쏙			닮	다	.					

아	기		얼	굴	이		엄	마	를	
쏙			닮	다	.					

'리', '래' 받침 흙, 밝다, 밟다

⭐ 바른 글자 익히기

모양	소리
흙	흑

놀이터에 뿌려진 흙

'흙'은 [흑]으로 소리 나요. 발음대로 '흑'이라고 잘못 쓰는 사람들이 있는데 쓸 때에는 받침 '리'을 그대로 살려서 '흙'이라고 써야 해요.

✏️ 낱말을 바르게 따라 써 보세요.

흙	흙	흙	흙	흙
흙	흙	흙	흙	흙

✏️ 문장을 바르게 따라 써 보세요.

신	발		안	으	로		흙	이		들
어	갔	어	요	.						

신	발		안	으	로		흙	이		들
어	갔	어	요	.						

⭐ 바른 글자 익히기

모양	소리
밝다	**박따**

햇살이 밝 다 .

'밝다'는 [박따]로 소리 나요. 발음대로 '박다', '박따', '발따'라고 잘못 쓰는 사람들이 있는데, 쓸 때에는 받침 'ㄺ'을 그대로 살려서 '밝다'라고 써야 해요.

✏️ 낱말을 바르게 따라 써 보세요.

밝	다

밝	다

밝	다

밝	다

밝	다

밝	다

✏️ 문장을 바르게 따라 써 보세요.

그		학	생	은		예	의	와		인
사	성	이		밝	다	.				

그		학	생	은		예	의	와		인
사	성	이		밝	다	.				

⭐ 바른 글자 익히기

모양	소리
밟다	밥따

발을 밟 다 .

'밟다'는 [밥따]로 소리 나요. 발음대로 쓰다 보니 '발따', '밥다', '밥따'라고 잘못 쓰는 사람들이 있는데, 쓸 때에는 받침 'ᆲ'을 그대로 살려서 '밟다' 라고 써야 해요.

✏️ 낱말을 바르게 따라 써 보세요.

밟	다
밟	다

밟	다
밟	다

밟	다
밟	다

✏️ 문장을 바르게 따라 써 보세요.

실	수	로		옆		사	람		발	을
밟	다	.								

실	수	로		옆		사	람		발	을
밟	다	.								

재미있는 쓰기 활동

✏️ 맞춤법이 알맞은 단어에 ○표 하고, 문장을 완성하세요.

1 많다 / 만타 ⇨ 오늘 간식이 정말 　　　.

2 굼따 / 굶다 ⇨ 늦게 일어나서 아침을 　　　.

3 앉다 / 안따 ⇨ 다들 자리에 　　　.

4 담따 / 닮다 ⇨ 엄마를 　　　.

5 밥따 / 밟다 ⇨ 하얗게 쌓여 있는 눈을 　　　.

받아쓰기

🎧 받아쓰기 듣기

✏️ **문장을 잘 듣고 받아 써 보세요.** (정답 146쪽의 문장을 불러 주시거나 QR을 찍어 들려주세요.)

1

2

3

4

5

6

7

8

헷갈리기 쉬운 말

'ㅚ', 'ㅙ', 'ㅞ'가 들어 있는 말 외동, 왜, 괜히, 웬

⭐ **바른 글자 익히기**

저는 **외 동** 입니다.

'ㅚ'는 모음 'ㅗ'와 'ㅣ'가 결합된 글자입니다. '외'는 발음이 [외]로 나는 경우도 있고, [웨]로 나는 경우가 있어서 '왜'라고 쓰는 사람들이 있는데 잘못된 표현 입니다. '외'를 '왜'라고 잘못 쓰지 않도록 주의하세요.

✏️ **낱말을 바르게 따라 써 보세요.**

외	동
외	동

외	동
외	동

외	동
외	동

✏️ **문장을 바르게 따라 써 보세요.**

외	식	을		하	고	,	후	식	으	로
참	외	를		먹	었	어	요	.		
외	식	을		하	고	,	후	식	으	로
참	외	를		먹	었	어	요	.		

★ 바른 글자 익히기

왜 불러요?

'왜'는 모음 'ㅗ'와 'ㅐ'가 결합된 글자이며, '무슨 까닭으로', '어째서'라는 뜻입니다.
발음이 비슷해서인지 '외', '웨'라고 쓰는 사람들이 있는데 잘못된 표현입니다.
'왜'를 '외', '웨'라고 잘못 쓰지 않도록 주의하세요.

✎ 낱말을 바르게 따라 써 보세요.

왜	왜	왜	왜	왜
왜	왜	왜	왜	왜

✎ 문장을 바르게 따라 써 보세요.

바	닷	물	은		왜		짠	맛	이
날	까	요	?						

바	닷	물	은		왜		짠		맛	이
날	까	요	?							

⭐ 바른 글자 익히기

| 괜 | 히 | 어렵게 생각했네.

'괜히'는 '까닭이나 실속이 없게'라는 뜻입니다. 발음이 비슷해서인지 '괸히' 라고 쓰는 사람들이 있는데 잘못된 표현입니다. '괜히'를 '괸히'라고 잘못 쓰지 않도록 주의하세요.

✏️ **낱말을 바르게 따라 써 보세요.**

괜	히
괜	히

괜	히
괜	히

괜	히
괜	히

✏️ **문장을 바르게 따라 써 보세요.**

동	생	이		잘	못	했	는	데		괜
히		나	까	지		혼	났	어	요	.

동	생	이		잘	못	했	는	데		괜
히		나	까	지		혼	났	어	요	.

★ 바른 글자 익히기

웬 떡이야?

'ㅞ'는 모음 'ㅜ'와 'ㅔ'가 결합된 글자입니다. '웬'은 '어찌 된, 어떠한'이라는 뜻입니다. 발음이 비슷해서인지 '왠', '왼'이라고 쓰는 사람들이 있는데 이는 잘못된 표현입니다. '웬'을 '왼', '왠'이라고 잘못 쓰지 않도록 주의하세요.

 낱말을 바르게 따라 써 보세요.

문장을 바르게 따라 써 보세요.

| 주 | 말 | 에 | 도 | | 독 | 서 | 를 | | 하 | 다 |
| 니 | ! | | 이 | 게 | | 웬 | 일 | 이 | 니 | ? |

| 주 | 말 | 에 | 도 | | 독 | 서 | 를 | | 하 | 다 |
| 니 | ! | | 이 | 게 | | 웬 | 일 | 이 | 니 | ? |

'궈', 'ㅢ'가 들어 있는 말 가위, 쉽다, 의사, 띄어쓰기

⭐ 바른 글자 익히기

가 위 , 바위, 보!

'귀'는 모음 'ㅜ'와 'ㅣ'가 결합된 글자입니다. '가위'를 '가이'라고 적는 사람들이 있는데 잘못된 표현입니다. '가위'를 '가이'라고 잘못 쓰지 않도록 주의하세요.

✏️ 낱말을 바르게 따라 써 보세요.

가	위
가	위

가	위
가	위

가	위
가	위

✏️ 문장을 바르게 따라 써 보세요.

미	술		시	간	에		색	종	이	,
가	위	,		풀	이		필	요	해	요	.

미	술		시	간	에		색	종	이	,
가	위	,		풀	이		필	요	해	요	.

★ 바른 글자 익히기

맞춤법 공부는 정말 **쉽 다** .

'쉽다'는 '하기가 까다롭거나 힘들지 않다'라는 뜻이에요. 그러나 '십다'라고 잘못 적는 사람들이 있어요. '쉽다'를 '십다'라고 잘못 쓰지 않도록 주의하세요.

✏️ 낱말을 바르게 따라 써 보세요.

쉽	다

쉽	다

쉽	다

쉽	다

쉽	다

쉽	다

✏️ 문장을 바르게 따라 써 보세요.

곱	셈		구	구	는		이	제		저
한	테		너	무		쉬	워	요	.	

곱	셈		구	구	는		이	제		저
한	테		너	무		쉬	워	요	.	

⭐ 바른 글자 익히기

의 사 가 되고 싶어요.

'ᅴ'는 모음 'ㅡ'와 'ㅣ'가 결합된 글자입니다. 'ᅴ'를 'ㅡ'라고 발음하고 적는 사람들이 있는데 잘못된 표현입니다. '의사'를 '으사'라고 잘못 쓰지 않도록 주의하세요.

✏️ 낱말을 바르게 따라 써 보세요.

의	사
의	사

의	사
의	사

의	사
의	사

✏️ 문장을 바르게 따라 써 보세요.

의	사		선	생	님	께	서		주	사
를		놓	아	주	셨	어	요	.		
의	사		선	생	님	께	서		주	사
를		놓	아	주	셨	어	요	.		

★ 바른 글자 익히기

띄 어 쓰 기 는 단어를 띄어 쓰는 것을 말해요.

'띄어쓰기'는 단어를 띄어 쓰는 것을 말해요. 그러나 '띄어'를 '뛰어', '띄워' 등으로 잘못 적는 사람들이 있는데 이는 잘못된 표현입니다. '띄어쓰기'를 '뛰어쓰기', '띄워쓰기'라고 잘못 쓰지 않도록 주의하세요.

✏️ **낱말을 바르게 따라 써 보세요.**

띄	어	쓰	기
띄	어	쓰	기

띄	어	쓰	기
띄	어	쓰	기

✏️ **문장을 바르게 따라 써 보세요.**

맞	춤	법	과		띄	어	쓰	기		연
습	을		꾸	준	히		하	세	요	.
맞	춤	법	과		띄	어	쓰	기		연
습	을		꾸	준	히		하	세	요	.

'ㅎ' 받침이 들어 있는 말 놓다, 좋다, 이렇게

⭐ 바른 글자 익히기

모양	소리
놓다	노타

손을 놓 다 .

'놓다'는 [노타]라고 소리 나요. 받침 'ㅎ'은 뒤의 어떤 자음과 만나는지에 따라 발음이 달라져요. 받침 'ㅎ'과 자음 'ㄷ'이 만나면 'ㅌ' 소리가 나요. 하지만 뒤에 모음이 오면 받침 'ㅎ'은 소리 나지 않습니다.

✏️ 낱말을 바르게 따라 써 보세요.

놓	다

놓	다

놓	다

놓	다

놓	다

놓	다

✏️ 문장을 바르게 따라 써 보세요.

과	일	을		접	시		위	에		가
지	런	히		놓	다	.				

과	일	을		접	시		위	에		가
지	런	히		놓	다	.				

 **바른 글자 익히기**

모양	소리
좋다	조타

성격이 좋 다 .

'좋다'는 [조타]라고 소리 나요. 받침 'ㅎ'은 뒤의 어떤 자음과 만나는지에 따라 발음이 달라져요. 받침 'ㅎ'과 자음 'ㄷ'이 만나면 'ㅌ' 소리가 나요.

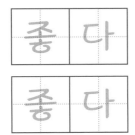 **낱말을 바르게 따라 써 보세요.**

좋	다

좋	다

좋	다

좋	다

좋	다

좋	다

 **문장을 바르게 따라 써 보세요.**

선	생	님	께		칭	찬	을		받	아
서		기	분	이		좋	다	.		

선	생	님	께		칭	찬	을		받	아
서		기	분	이		좋	다	.		

⭐ 바른 글자 익히기

모양	소리
이렇게	이러케

이 렇 게 좋은 날

'이렇게'는 [이러케]라고 소리 나요. 받침 'ㅎ'은 뒤의 어떤 자음과 만나는지에 따라 발음이 달라져요. 받침 'ㅎ'이 자음 'ㄱ'과 만나면 'ㅋ' 소리가 나요.

✏️ 낱말을 바르게 따라 써 보세요.

이	렇	게

이	렇	게

이	렇	게

이	렇	게

이	렇	게

이	렇	게

✏️ 문장을 바르게 따라 써 보세요.

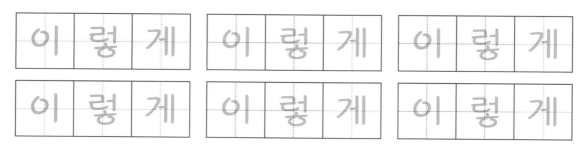

이	렇	게		화	려	한		건	물	은
처	음		봐	요	.					

이	렇	게		화	려	한		건	물	은
처	음		봐	요	.					

재미있는 쓰기 활동

✏️ 아래 <가족을 소개하는 글>에는 맞춤법이 틀린 말들이 있어요.

> 우리 가족은 3명입니다. 외 3명일까요? 바로 제가 왜동이기 때문입니다. 아빠 직업은 치과 으사입니다. 엄마는 뛰어쓰기, 맞춤법을 잘 아는 선생님입니다. 제가 학교에서 받아쓰기 문제를 틀리면 항상 이러케 말씀하십니다. "이런 쉬운 문제를 틀리면 어떡해?"

1 맞춤법이 틀린 말은 몇 개인가요? 틀린 말에 O표 하세요.

2 잘못 쓴 말을 바르게 고쳐 주세요.

외	⇨	

왜 동	⇨		

으 사	⇨		

뛰 어 쓰 기	⇨				

이 러 케	⇨			

받아쓰기

🎧 받아쓰기 듣기

✏️ **문장을 잘 듣고 받아 써 보세요.** (정답 146쪽의 문장을 불러 주시거나 QR을 찍어 들려주세요.)

1

2

3

4

5

6

7

8

잘못 쓰기 쉬운 말

눈곱, 눈살, 닭달, 덥석

⭐ 바른 글자 익히기

모양	소리
눈곱	**눈꼽**

눈 곱 이 꼈어요.

'눈곱'은 '눈에서 나오는 진득한 액'을 말해요. 배에 있는 것을 '배꼽'이라고 하다 보니 '눈꼽'이라고 잘못 쓰는 사람들이 있어요. '눈곱'을 '눈꼽'으로 잘못 쓰지 않 도록 주의하세요.

✏️ **낱말을 바르게 따라 써 보세요.**

눈	곱
눈	곱

눈	곱
눈	곱

눈	곱
눈	곱

✏️ **문장을 바르게 따라 써 보세요.**

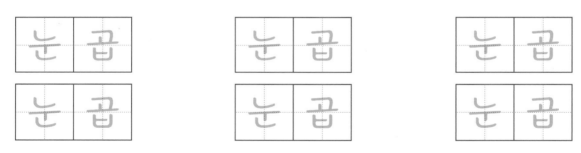

아	침	에		세	수	하	며		눈	곱
을		떼	요	.						

아	침	에		세	수	하	며		눈	곱
을		떼	요	.						

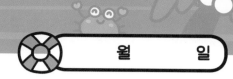
⭐ 바른 글자 익히기

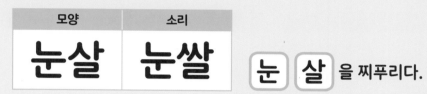

모양	소리
눈살	눈쌀

눈 살 을 찌푸리다.

'눈살'은 '두 눈썹 사이에 잡히는 주름', '쏘아보는 시선'을 말해요. 발음이 [눈쌀]로 나다 보니 '눈쌀'이라고 잘못 쓰는 사람들이 있어요. '눈살'을 '눈쌀'로 잘못 쓰지 않도록 주의하세요.

✏️ 낱말을 바르게 따라 써 보세요.

눈	살
눈	살

눈	살
눈	살

눈	살
눈	살

✏️ 문장을 바르게 따라 써 보세요.

나	를		쳐	다	보	는		친	구	의
눈	살	이		따	가	워	요	.		

나	를		쳐	다	보	는		친	구	의
눈	살	이		따	가	워	요	.		

⭐ 바른 글자 익히기

모양	소리
닦달	닥딸

그만 좀 닦 달 해요.

'닦달'은 '남을 단단히 윽박질러서 혼을 낸다'는 뜻이에요. 발음이 [닥딸]로 나다 보니 '닥딸'이나 '닥달'로 잘못 쓰는 사람들이 있어요. '닦달'을 잘못 쓰지 않도록 주의하세요.

✏️ 낱말을 바르게 따라 써 보세요.

닦	달

닦	달

닦	달

닦	달

닦	달

닦	달

✏️ 문장을 바르게 따라 써 보세요.

놀	부	는		죄		없	는		하	인
을		닦	달	했	다	.				

놀	부	는		죄		없	는		하	인
을		닦	달	했	다	.				

모양	소리
덥석	덥썩

손을 덥 석 잡다.

'덥석'은 '왈칵 달려들어 물거나 움켜잡는 모양'을 뜻해요. 발음이 [덥썩]으로 나다 보니 '덥썩'으로 잘못 쓰는 사람들이 있어요. '덥석'을 '덥썩' 으로 잘못 쓰지 않도록 주의하세요.

✏️ 낱말을 바르게 따라 써 보세요.

덥	석

덥	석

덥	석

덥	석

덥	석

덥	석

✏️ 문장을 바르게 따라 써 보세요.

물	고	기	가		미	끼	를		덥	석
물	었	어	요	.						

물	고	기	가		미	끼	를		덥	석
물	었	어	요	.						

개다, 목메다, 설레다, 헤매다

⭐ 바른 글자 익히기

날이 **개 다** .

'개다'는 '흐리거나 궂은 날씨가 맑아지다'라는 뜻이에요. 그러나 '개이다'라고 잘못 쓰는 사람들이 있어요. '개다'를 '개이다'로 잘못 쓰지 않도록 주의하세요.

✏️ 낱말을 바르게 따라 써 보세요.

개	다

개	다

개	다

개	다

개	다

개	다

✏️ 문장을 바르게 따라 써 보세요.

비	가		그	치	고	,	날	씨	가	
활	짝		갰	다	.					

비	가		그	치	고	,	날	씨	가	
활	짝		갰	다	.					

⭐ 바른 글자 익히기

목 메 어 울다.

'목메다'는 '기쁨이나 서러움 등의 감정이 북받쳐 그 기운이 목에 막히다'라는 뜻이에요. 그러나 '목메이다'라고 잘못 쓰는 사람들이 있어요. '목메다'를 '목메이다'로 잘못 쓰지 않도록 주의하세요.

✏️ **낱말을 바르게 따라 써 보세요.**

목	메	다

목	메	다

목	메	다

목	메	다

목	메	다

목	메	다

✏️ **문장을 바르게 따라 써 보세요.**

아	픈		동	생	을		보	고		나
는			목	메	어		울	었	다	.

아	픈		동	생	을		보	고		나
는			목	메	어		울	었	다	.

⭐ 바른 글자 익히기

마음이 　설　레　다　.

'설레다'는 '마음이 가라앉지 아니하고 들떠서 두근거리다'는 뜻이에요. 그러나 '설레이다'라고 잘못 쓰는 사람들이 있어요. '설레다'를 '설레이다'로 잘못 쓰지 않도록 주의하세요.

✏️ **낱말을 바르게 따라 써 보세요.**

설	레	다

설	레	다

설	레	다

설	레	다

설	레	다

설	레	다

✏️ **문장을 바르게 따라 써 보세요.**

내	일		소	풍	을		가	서		마
음	이		설	레	요	.				

내	일		소	풍	을		가	서		마
음	이		설	레	요	.				

길을 | 헤 | 매 | 다 | .

'헤매다'는 '갈 바를 몰라 이리저리 돌아다니다'는 뜻이에요. 그러나 '헤매이다'라고 잘못 쓰는 사람들이 있어요. '헤매다'를 '헤매이다'로 잘못 쓰지 않도록 주의하세요.

✏️ 낱말을 바르게 따라 써 보세요.

헤	매	다

헤	매	다

헤	매	다

헤	매	다

헤	매	다

헤	매	다

✏️ 문장을 바르게 따라 써 보세요.

그	들	은		보	물	을		찾	아	서
한	참	을		헤	맸	어	요	.		

그	들	은		보	물	을		찾	아	서
한	참	을		헤	맸	어	요	.		

왠지 / 웬 / 웬만하다

★ 바른 글자 익히기

오늘은 **왠 지** 기분이 좋지 않아요.

'왠지'는 '왜 그런지 모르게 또는 뚜렷한 이유도 없이'라는 뜻을 지닌 '왜인지'를 줄인 말이에요. 그러나 '웬지'라고 잘못 쓰는 사람들이 있어요. '왠지'를 '웬지' 로 잘못 쓰지 않도록 주의하세요.

✏️ 낱말을 바르게 따라 써 보세요.

왠	지
왠	지

왠	지
왠	지

왠	지
왠	지

✏️ 문장을 바르게 따라 써 보세요.

그		친	구	와	는		왠	지		거
리	가		느	껴	져	요	.			

그		친	구	와	는		왠	지		거
리	가		느	껴	져	요	.			

⭐ 바른 글자 익히기

이게 **웬** 떡이냐?

'웬'은 '어찌 된, 어떠한'이라는 뜻이에요. 그러나 '왠'이라고 잘못 쓰는 사람들이 있어요. '웬'을 '왠'으로 잘못 쓰지 않도록 주의하세요.

✏️ 낱말을 바르게 따라 써 보세요.

✏️ 문장을 바르게 따라 써 보세요.

이	밤	에		웬		라	면	을	
먹	고		있	어	?				

이	밤	에		웬		라	면	을	
먹	고		있	어	?				

⭐ 바른 글자 익히기

그 친구는 성적도 **웬 만 하 다** .

'웬만하다'는 '정도나 형편이 표준에 가깝거나 그보다 약간 낫다', '허용되는 범위에서 크게 벗어나지 아니한 상태에 있다'라는 뜻이에요. 그러나 '왠만하다'라고 잘못 쓰는 사람들이 있는데 잘못 쓰지 않도록 주의하세요.

✏️ 낱말을 바르게 따라 써 보세요.

✏️ 문장을 바르게 따라 써 보세요.

웬	만	해	선		그	들	을		막	을
수		없	다	.						

웬	만	해	선		그	들	을		막	을
수		없	다	.						

재미있는 쓰기 활동

✏️ 다음 질문에 답해 보세요.

1 '곱'과 '꼽' 중에 알맞은 단어를 써 보세요.

눈				배	

2 두 단어 중에 올바른 맞춤법에 ○ 표시를 하세요.

설레다 설레이다

헤매이다 헤매다

3 '웬'과 '왠' 중에 알맞은 단어를 써 보세요.

이	게			떡	이	냐	?

오	늘	은			지	기	분
이		좋	지		않	다	.

18일차

내로라하다, 오랜만, 이에요, 치르다

⭐ 바른 글자 익히기

내 로 라 하 는 스타들이 모였다.

'내로라하다'는 '어떤 분야를 대표할 만하다'라는 뜻이에요. 그러나 '내노라하다'
라고 잘못 쓰는 사람들이 있어요. '내로라하다'를 '내노라하다'로 잘못 쓰지 않도
록 주의하세요.

✏️ 낱말을 바르게 따라 써 보세요.

내	로	라	하	다

내	로	라	하	다

내	로	라	하	다

내	로	라	하	다

✏️ 문장을 바르게 따라 써 보세요.

그	는		우	리		동	네	에	서
내	로	라	하	는		부	자	이	다	.

그	는		우	리		동	네	에	서
내	로	라	하	는		부	자	이	다	.

★ 바른 글자 익히기

오 랜 만 에 할머니 댁에 갔어요.

'오랜만'은 '어떤 일이 있은 때로부터 긴 시간이 지난 뒤'의 뜻을 지닌 '오래간만'의 줄인 말이에요. 그러나 '오랫만'이라고 잘못 쓰는 사람들이 있어요. '오랜만'을 '오랫만'으로 잘못 쓰지 않도록 주의하세요.

✏️ 낱말을 바르게 따라 써 보세요.

오	랜	만
오	랜	만

오	랜	만
오	랜	만

오	랜	만
오	랜	만

✏️ 문장을 바르게 따라 써 보세요.

오	랜	만	에		운	동	했	더	니	
온	몸	이		아	파	요	.			

오	랜	만	에		운	동	했	더	니	
온	몸	이		아	파	요	.			

⭐ 바른 글자 익히기

저는 학생 이 에 요.

'-예요'는 '-이에요'의 줄인 말이에요. 그러나 '-이예요'라고 잘못 쓰는 사람들이 있어요. '-이예요'는 없는 말이에요. 앞말에 받침이 있을 때는 '-이에요'를 쓰고, 앞말에 받침이 없을 때는 '-예요'를 써요.

✏️ 낱말을 바르게 따라 써 보세요.

이	에	요
예	요	

이	에	요
	예	요

이	에	요
	예	요

✏️ 문장을 바르게 따라 써 보세요.

우	리		모	두		잘		될		거
예	요	.								

우	리		모	두		잘		될		거
예	요	.								

시험을 **치 르 다**.

'치르다'는 '주어야 할 돈을 내주다', '무슨 일을 겪어 내다'라는 뜻이에요. 그러나 '치루다'라고 잘못 쓰는 사람들이 있어요. '치르다'를 '치루다'로 잘못 쓰지 않도록 주의하세요.

낱말을 바르게 따라 써 보세요.

치	르	다

치	르	다

치	르	다

치	르	다

치	르	다

치	르	다

문장을 바르게 따라 써 보세요.

식	당	에	서		음	식	값	을		치
르	고		나	왔	어	요	.			

식	당	에	서		음	식	값	을		치
르	고		나	왔	어	요	.			

두루뭉술, 빨간색, 희한하다

⭐ 바른 글자 익히기

그는 **두 루 뭉 술** 하게 말했다.

'두루뭉술하다'는 '모나거나 튀지 않고 둥그스름하다', '말이나 행동 따위가 분명하지 아니하다'라는 뜻입니다. '두리뭉술' 또는 '두루뭉실'은 잘못된 표현으로 주의해서 써야 합니다.

✏️ 낱말을 바르게 따라 써 보세요.

두	루	뭉	술
두	루	뭉	술

두	루	뭉	술
두	루	뭉	술

✏️ 문장을 바르게 따라 써 보세요.

그	녀	는		두	루	뭉	술	하	게	
설	명	했	다	.						

그	녀	는		두	루	뭉	술	하	게	
설	명	했	다	.						

⭐ 바른 글자 익히기

빨 간 색 우산이 있다.

'빨간색'은 색 이름 중 하나로 '빨강'과 같은 말입니다. 그러나 '빨강색' 이라고 잘못 쓰는 사람들이 있어요. 마찬가지로 '노란색'과 '노랑', '파란색'과 '파랑'은 같은 말입니다.

✏️ 낱말을 바르게 따라 써 보세요.

빨	간	색

빨	간	색

빨	간	색

빨	강

빨	강

빨	강

✏️ 문장을 바르게 따라 써 보세요.

빨	간	색		크	레	파	스	를		빌
려	줄		수		있	어	?			

빨	간	색		크	레	파	스	를		빌
려	줄		수		있	어	?			

⭐ 바른 글자 익히기

희 한 하 게 생긴 물건이다.

'희한하다'는 '매우 드물거나 신기하다'라는 뜻이에요. 그러나 발음이 비슷해서 '희안'이라고 잘못 쓰는 사람들이 있어요. '희한한', '희한하다'을 '희안한', '희안하다' 등으로 잘못 쓰지 않도록 주의하세요.

✏️ 낱말을 바르게 따라 써 보세요.

희	한	한

희	한	한

희	한	한

희	한	하	다

희	한	하	다

✏️ 문장을 바르게 따라 써 보세요.

살	다		보	면		별		희	한	한
일	이		다		생	겨	요	.		

살	다		보	면		별		희	한	한
일	이		다		생	겨	요	.		

재미있는 쓰기 활동

✏️ 밑줄 친 말이 바르게 쓰인 것에는 ○표, 잘못 쓰인 것에는 ✕표 하세요. 잘못 쓰인 말은
바르게 고쳐 주세요.

1 가족들과 <u>오랜만에</u> 여행을 가기로 했어요.　（　　　）

※ 잘못된 말이라면, 바른 표현은 무엇인가요?

（　　　　　　　　　　　　　　）

2 저녁은 중국집에서 탕수육을 시켜 먹을 거<u>에요.</u>　（　　　）

※ 잘못된 말이라면, 바른 표현은 무엇인가요?

（　　　　　　　　　　　　　　）

3 <u>내노라하는</u> 스타들이 한곳에 모여 있다니!　（　　　）

※ 잘못된 말이라면, 바른 표현은 무엇인가요?

（　　　　　　　　　　　　　　）

4 바다 그림은 <u>파랑색</u>으로 색칠할 거야.　（　　　）

※ 잘못된 말이라면, 바른 표현은 무엇인가요?

（　　　　　　　　　　　　　　）

5 어제 정말 <u>희안한</u> 꿈을 꿨어요.　（　　　）

※ 잘못된 말이라면, 바른 표현은 무엇인가요?

（　　　　　　　　　　　　　　）

받아쓰기

🎧 받아쓰기 듣기

✏️ **문장을 잘 듣고 받아 써 보세요.** (정답 146쪽의 문장을 불러 주시거나 QR을 찍어 들려주세요.)

1

2

3

4

5

6

7

8

6단원

뜻에 맞게 구별해서 써야 할 말

⭐ 바른 글자 익히기

반 친구들끼리 나이가 　같　다　.

'같다'는 '서로 다르지 않고 하나이다'라는 뜻이에요. 그러나 뜻은 다르지만, 발음이 비슷한 '갖다'와 헷갈려 하는 사람들이 있어요. '같다'를 '갖다'로 잘못 쓰지 않도록 주의하세요.

✏️ 낱말을 바르게 따라 써 보세요.

같	다

같	다

같	다

같	다

같	다

같	다

✏️ 문장을 바르게 따라 써 보세요.

형	과		나	는		같	은		학	교
에		다	녀	요	.					

형	과		나	는		같	은		학	교
에		다	녀	요	.					

★ 바른 글자 익히기

장난감에 관심을 **갖 다** .

'갖다'는 '가지다'라는 뜻이에요. 그러나 뜻은 다르지만, 발음이 비슷한 '같다'와
헷갈려 하는 사람들이 있어요. '갖다'를 '같다'로 잘못 쓰지 않도록 주의하세요.

✏️ 낱말을 바르게 따라 써 보세요.

갖	다
갖	다

갖	다
갖	다

갖	다
갖	다

✏️ 문장을 바르게 따라 써 보세요.

요	즘		저	는		환	경	에		관
심	을		갖	고		있	어	요	.	

요	즘		저	는		환	경	에		관
심	을		갖	고		있	어	요	.	

⭐ **바른 글자 익히기**

저 산 너 머 에는 무엇이 있을까요?

'너머'는 '높은 곳 저쪽 또는 그 공간'이라는 뜻이에요. 그러나 뜻은 다르지만, 발음이 비슷한 '넘어'와 헷갈려 하는 사람들이 있어요. '너머'를 '넘어'로 잘못 쓰지 않도록 주의하세요.

✏️ **낱말을 바르게 따라 써 보세요.**

너	머

너	머

너	머

너	머

너	머

너	머

✏️ **문장을 바르게 따라 써 보세요.**

지	평	선		너	머	로		해	가	
지	고		있	어	요	.				

지	평	선		너	머	로		해	가	
지	고		있	어	요	.				

저 산을 **넘 어** 가야 해.

'넘어'는 '높은 부분의 위를 지나가다'라는 뜻의 '넘다'에서 나온 말이에요. 그러나 뜻은 다르지만, 발음이 비슷한 '너머'와 헷갈려 하는 사람들이 있어요. '넘어'를 '너머'로 잘못 쓰지 않도록 주의하세요.

✏️ 낱말을 바르게 따라 써 보세요.

  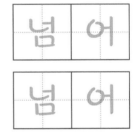

✏️ 문장을 바르게 따라 써 보세요.

도	둑	은		담	을		넘	어		다
녀	요	.								

도	둑	은		담	을		넘	어		다
녀	요	.								

늘리다 / 늘이다, 맞다 / 맡다

⭐ 바른 글자 익히기

독서 시간을 | 늘 | 리 | 다 |.

'늘리다'는 '본디보다 크게 하거나 많게 한다'라는 뜻입니다. 그러나 '본디보다 더 길게 한다'는 뜻의 '늘이다'와 사용을 헷갈려 하는 사람들이 있어요. '늘리다'를 '늘이다', '느리다' 등으로 잘못 쓰지 않도록 주의하세요.

✏️ 낱말을 바르게 따라 써 보세요.

늘	리	다		늘	리	다		늘	리	다
늘	리	다		늘	리	다		늘	리	다

✏️ 문장을 바르게 따라 써 보세요.

학	교		운	동	장		크	기	를	
늘	리	다	.							

학	교		운	동	장		크	기	를	
늘	리	다	.							

★ 바른 글자 익히기

고무줄을 **늘 이 다** .

'늘이다'는 '본디보다 더 길게 한다'라는 뜻입니다. 그러나 '본디보다 크게 하거나 많게 한다'는 뜻의 '늘리다'와 헷갈려 하는 사람들이 있어요. '늘이 다'를 '늘리다', '느리다'로 잘못 쓰지 않도록 주의하세요.

✏️ 낱말을 바르게 따라 써 보세요.

늘	이	다	늘	이	다	늘	이	다
늘	이	다	늘	이	다	늘	이	다

✏️ 문장을 바르게 따라 써 보세요.

| 옷 | 의 | | 길 | 이 | 를 | | 더 | | 늘 | 이 |
| 기 | 로 | | 했 | 어 | 요 | . | | | | |

| 옷 | 의 | | 길 | 이 | 를 | | 더 | | 늘 | 이 |
| 기 | 로 | | 했 | 어 | 요 | . | | | | |

⭐ 바른 글자 익히기

네 말이 맞 다 .

'맞다'는 '문제에 대한 답이 틀리지 아니하다', '그렇다', '옳다'라는 뜻이에요.
그러나 뜻은 다르지만, 발음이 비슷한 '맡다'와 헷갈려 하는 사람들이 있어
요. '맞다'를 '맡다'로 잘못 쓰지 않도록 주의하세요.

✏️ 낱말을 바르게 따라 써 보세요.

맞	다

맞	다

맞	다

맞	다

맞	다

맞	다

✏️ 문장을 바르게 따라 써 보세요.

그		나	무		도	끼	가		제	
도	끼	가		맞	습	니	다	.		
그		나	무		도	끼	가		제	
도	끼	가		맞	습	니	다	.		

숙제 검사를 | 맡 | 다 |.

'맡다'는 '어떤 일에 대한 책임을 지고 담당하다', '허가, 승인 따위를 얻다'라는 뜻
이에요. 그러나 뜻은 다르지만, 발음이 비슷한 '맞다'와 헷갈려 하는 사람들이 있
어요. '맡다'를 '맞다'로 잘못 쓰지 않도록 주의하세요.

✏️ 낱말을 바르게 따라 써 보세요.

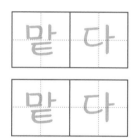   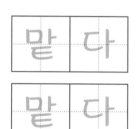   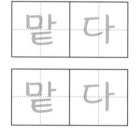

✏️ 문장을 바르게 따라 써 보세요.

| 그 | 는 | | 맡 | 은 | | 일 | 에 | | 최 | 선 |
| 을 | | 다 | 하 | 는 | | 사 | 람 | 이 | 다 | . |

| 그 | 는 | | 맡 | 은 | | 일 | 에 | | 최 | 선 |
| 을 | | 다 | 하 | 는 | | 사 | 람 | 이 | 다 | . |

낫다 / 낮다 / 낳다

⭐ 바른 글자 익히기

감기가 | 낫 | 다 |.

'낫다'는 '병이나 상처가 고쳐지다', '보다 더 좋거나 앞서다'라는 뜻이에요. 그러나 뜻은 다르지만, 발음이 비슷한 '낮다', '낳다'와 헷갈려 하는 사람들이 있어요. '낫다'를 '낮다', '낳다'로 잘못 쓰지 않도록 주의하세요.

✏️ 낱말을 바르게 따라 써 보세요.

낫	다
낫	다

낫	다
낫	다

낫	다
낫	다

✏️ 문장을 바르게 따라 써 보세요.

돈	이		많	은		것	보	다		건
강	한		것	이		더		낫	다	.

돈	이		많	은		것	보	다		건
강	한		것	이		더		낫	다	.

⭐ 바른 글자 익히기

겨울은 여름보다 온도가 　낮　다　.

'낮다'는 '기준이 되는 대상이나 보통 정도에 미치지 못하는 상태'라는 뜻이에요. 그러나 뜻은 다르지만, 발음이 비슷한 '낫다', '낳다'와 헷갈려 하는 사람들이 있어요. '낮다'를 '낫다', '낳다'로 잘못 쓰지 않도록 주의하세요.

✏️ **낱말을 바르게 따라 써 보세요.**

낮	다

낮	다

낮	다

낮	다

낮	다

낮	다

✏️ **문장을 바르게 따라 써 보세요.**

물	은		높	은		곳	에	서		낮
은		곳	으	로		흘	러	가	요	.

물	은		높	은		곳	에	서		낮
은		곳	으	로		흘	러	가	요	.

⭐ 바른 글자 익히기

아이를 **낳** **다** .

'낳다'는 '아이나 새끼 등을 출산하다', '어떤 결과를 이루거나 가져오다'라는
뜻이에요. 그러나 뜻은 다르지만, 발음이 비슷한 '낫다', '낮다'와 헷갈려 하는
사람들이 있어요. '낳다'를 '낫다', '낮다'로 잘못 쓰지 않도록 주의하세요.

✏️ **낱말을 바르게 따라 써 보세요.**

낳	다
낳	다

낳	다
낳	다

낳	다
낳	다

✏️ **문장을 바르게 따라 써 보세요.**

그	는		노	력	해	서		좋	은	
결	과	를		낳	았	어	요	.		

그	는		노	력	해	서		좋	은	
결	과	를		낳	았	어	요	.		

재미있는 쓰기 활동

✏️ 학생이 받아쓰기를 한 공책입니다. 틀린 것을 바르게 고쳐 쓰세요.

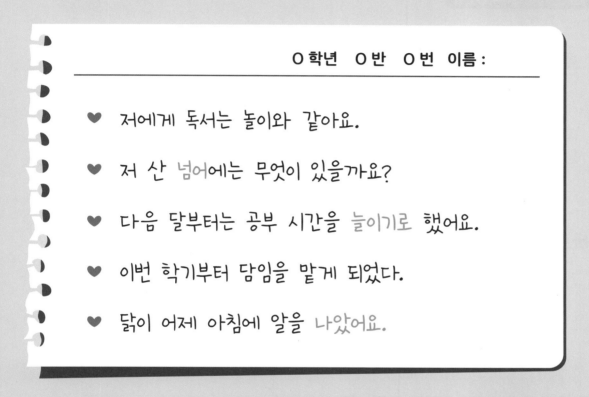

O학년 O반 O번 이름:

❤️ 저에게 독서는 놀이와 같아요.

❤️ 저 산 넘어에는 무엇이 있을까요?

❤️ 다음 달부터는 공부 시간을 늘이기로 했어요.

❤️ 이번 학기부터 담임을 맡게 되었다.

❤️ 닭이 어제 아침에 알을 나았어요.

❶ 넘어 ⇨

❷ 늘이기로 ⇨

❸ 나았어요 ⇨

그러고 / 그리고, 이따가 / 있다가

⭐ **바른 글자 익히기**

혼자 **그 러 고** 있지 말고 같이 놀자.

'그러고'는 '그리하고'가 줄어든 말입니다. '그러고'를 써야 하는 자리에 '그리고'를 쓰는 사람들이 있어요. '그러고'를 '그리고'로 잘못 쓰지 않도록 주의하세요.

✏️ **낱말을 바르게 따라 써 보세요.**

그	러	고
그	러	고

그	러	고
그	러	고

그	러	고
그	러	고

✏️ **문장을 바르게 따라 써 보세요.**

그	러	고		보	니	,	이		책	은
이	미		읽	었	다	.				

그	러	고		보	니		이		책	은
이	미		읽	었	다	.				

⭐ 바른 글자 익히기

김밥, 순대, 그 리 고 튀김을 좋아해요.

'그리고'는 단어나 문장을 연결할 때 사용하는 접속 부사입니다. '그리고'를 써야 하는 자리에 '그러고'를 쓰는 사람들이 있어요. 이처럼 잘못 쓰지 않도록 주의하세요.

✏️ **낱말을 바르게 따라 써 보세요.**

그	리	고

그	리	고

그	리	고

그	리	고

그	리	고

그	리	고

✏️ **문장을 바르게 따라 써 보세요.**

숙	제	를		했	다	.		그	리	고
동	생	과		함	께		놀	았	다	.

숙	제	를		했	다	.		그	리	고
동	생	과		함	께		놀	았	다	.

111

⭐ 바른 글자 익히기

이 따 가 보자.

'이따가'는 '조금 지난 뒤에'라는 뜻입니다. 발음이 비슷해서 '이따가'와 '있다가'를 헷갈려 하는 사람들이 있어요. '이따가'를 '있다가'로 잘못 쓰지 않도록 주의하세요.

✏️ 낱말을 바르게 따라 써 보세요.

이	따	가

이	따	가

이	따	가

이	따	가

이	따	가

이	따	가

✏️ 문장을 바르게 따라 써 보세요.

지	금	은		바	쁘	니		이	따	가
이	야	기	하	자	.					

지	금	은		바	쁘	니		이	따	가
이	야	기	하	자	.					

집에 **있** **다** **가** 밖으로 나왔어요.

'있다가'는 '있다'에 '-다가'가 붙은 활용어입니다. 발음이 비슷해서 '있다가'와 '이따가'를 헷갈려 하는 사람들이 있어요. '있다가'를 '이따가'로 잘못 쓰지 않도록 주의하세요.

🖉 낱말을 바르게 따라 써 보세요.

있	다	가

있	다	가

있	다	가

있	다	가

있	다	가

있	다	가

🖉 문장을 바르게 따라 써 보세요.

놀	이	터	에		앉	아		있	다	가
친	구	들	을		만	났	어	요	.	

놀	이	터	에		앉	아		있	다	가
친	구	들	을		만	났	어	요	.	

⭐ 바른 글자 익히기

내일은 비가 온 **대** **요**.

'-대(-대요)'는 '-다고 해요'의 준말로, 남이 말한 내용을 간접적으로 전달할 때
사용하는 말입니다. '-대'를 사용해야 할 자리에 '-데'를 쓰는 사람들이 있어요.
'-대'를 '-데'로 잘못 쓰지 않도록 주의하세요.

✏️ 낱말을 바르게 따라 써 보세요.

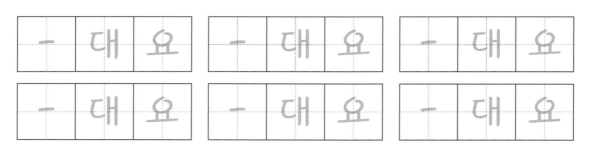

| - | 대 | 요 | | - | 대 | 요 | | - | 대 | 요 |
| - | 대 | 요 | | - | 대 | 요 | | - | 대 | 요 |

✏️ 문장을 바르게 따라 써 보세요.

| 아 | 빠 | , | 동 | 생 | 이 | | 어 | 제 | 부 | 터 |
| 머 | 리 | 가 | | 아 | 프 | 대 | 요 | . | | |

| 아 | 빠 | , | 동 | 생 | 이 | | 어 | 제 | 부 | 터 |
| 머 | 리 | 가 | | 아 | 프 | 대 | 요 | . | | |

⭐ 바른 글자 익히기

그 아이는 노래를 엄청 잘하 데 !

'-데(-데요)'는 '-더라'와 같은 의미로, 말하는 이가 자신이 직접 경험한 사실을
전달할 때 사용하는 말입니다. '-데'를 사용해야 할 자리에 '-대'를 쓰는 사람들
이 있어요. '-데'를 '-대'로 잘못 쓰지 않도록 주의하세요.

✏️ 낱말을 바르게 따라 써 보세요.

- 데 요	- 데 요	- 데 요
- 데 요	- 데 요	- 데 요

✏️ 문장을 바르게 따라 써 보세요.

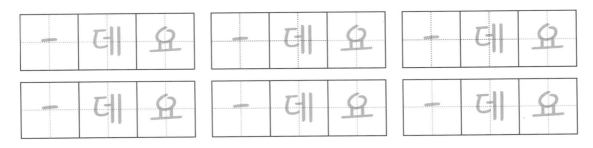

네	가		추	천	한		영	화	는	
정	말		재	미	있	데	!			

네	가		추	천	한		영	화	는	
정	말		재	미	있	데	!			

⭐ 바른 글자 익히기

카레 **든** (지) 짜장이 **든** (지) 다 좋아요!

'-든'은 '어느 것이 선택되어도 차이가 없는 일을 나열할 때' 사용하며 '-든지'의
준말입니다. '-든'을 사용해야 할 자리에 '-던'을 쓰는 사람들이 있어요.
'-든지'를 '-던지'로 잘못 쓰지 않도록 주의하세요.

✏️ 낱말을 바르게 따라 써 보세요.

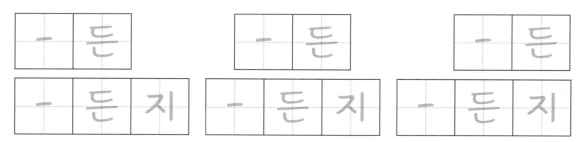

-	든
-	든

-	든
-	든

-	든
-	든

-	든	지

-	든	지

-	든	지

✏️ 문장을 바르게 따라 써 보세요.

동	화	책	이	든		위	인	전	이	든
종	류	는		상	관	없	어	.		

동	화	책	이	든		위	인	전	이	든
종	류	는		상	관	없	어	.		

★ 바른 글자 익히기

밖에 날씨가 많이 춥 던 ?

'-던'은 '지난 일이나 과거의 어떤 상태를 나타낼 때', '새롭게 알게 된 사실에 대한 물음을 나타낼 때' 사용하는 말입니다. '-던'를 사용해야 할 자리에 '-든'을 쓰는 사람들이 있어요. '-던'을 '-든'으로 잘못 쓰지 않도록 주의하세요.

✏ **낱말을 바르게 따라 써 보세요.**

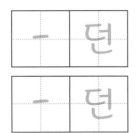
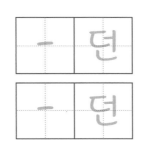
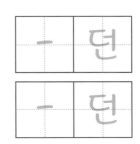

| - | 던 |
| - | 던 |

| - | 던 |
| - | 던 |

| - | 던 |
| - | 던 |

✏ **문장을 바르게 따라 써 보세요.**

| 저 | 건 | | 내 | 가 | | 어 | 릴 | | 적 | 에 |
| 갖 | 고 | | 놀 | 던 | | 인 | 형 | 이 | 야 | . |

| 저 | 건 | | 내 | 가 | | 어 | 릴 | | 적 | 에 |
| 갖 | 고 | | 놀 | 던 | | 인 | 형 | 이 | 야 | . |

⭐ **바른 글자 익히기**

낫 으로 벼를 베다.

'낫'은 농기구 중 하나의 이름입니다. 그런데 뜻이 완전히 다른 단어인 '낮', '낯' 과 헷갈려 하는 사람들이 있어요. '낫'을 '낮', '낯'으로 잘못 쓰지 않도록 주의하세요.

✏️ **낱말을 바르게 따라 써 보세요.**

낫	낫	낫	낫	낫
낫	낫	낫	낫	낫

✏️ **문장을 바르게 따라 써 보세요.**

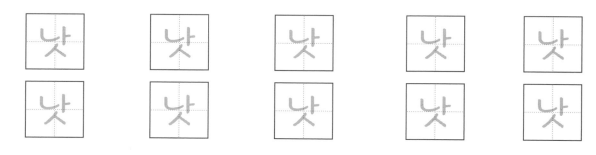

낫		놓	고		기	역		자	도	
모	른	다	.							

낫		놓	고		기	역		자	도	
모	른	다	.							

⭐ 바른 글자 익히기

낮 과 밤

'낮'은 '해가 뜰 때부터 질 때까지의 동안'이라는 뜻입니다. 그런데 뜻이 완전히 다른 단어인 '낫', '낯'과 헷갈려 하는 사람들이 있어요. '낮'을 '낫', '낯'으로 잘못 쓰지 않도록 주의하세요.

✏️ 낱말을 바르게 따라 써 보세요.

낮	낮	낮	낮	낮
낮	낮	낮	낮	낮

✏️ 문장을 바르게 따라 써 보세요.

오	늘	은		늦	었	으	니		내	일
낮	에		다	시		하	자	.		

오	늘	은		늦	었	으	니		내	일
낮	에		다	시		하	자	.		

★ 바른 글자 익히기

무슨 낯 으로 그를 볼 수 있을까?

'낯'은 '눈, 코, 입 따위가 있는 얼굴의 바닥', '남을 대할 만한 체면'이라는 뜻입니다. 그런데 뜻이 완전히 다른 단어인 '낫', '낮'과 헷갈려 하는 사람들이 있어요. '낯'을 '낫', '낮'으로 잘못 쓰지 않도록 주의하세요.

✏️ 낱말을 바르게 따라 써 보세요.

| 낯 | 낯 | 낯 | 낯 | 낯 |
| 낯 | 낯 | 낯 | 낯 | 낯 |

✏️ 문장을 바르게 따라 써 보세요.

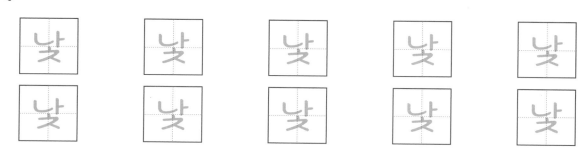

| 너 | 는 | | 정 | 말 | | 낯 | 이 | | 두 | 꺼 |
| 운 | | 사 | 람 | 이 | 구 | 나 | . | | | |

| 너 | 는 | | 정 | 말 | | 낯 | 이 | | 두 | 꺼 |
| 운 | | 사 | 람 | 이 | 구 | 나 | . | | | |

재미있는 쓰기 활동

✏️ 다음 빈칸에 알맞은 단어를 찾아 그림 일기를 완성하세요.

예시

낫, 낮, 낯, 있다가, 이따가, 든, 던

	년	월	일	요일	날씨	☀️ ⛅ ☔ 🌧️

		에		물	놀	이	를		했
어	요	.				저	녁	에
고	기	를		먹	기	로		했	어
요	.	삼	겹	살	이			목	살
이			다		좋	아	요	.	

26일차

로서 / 로써, 마는 / 만은

⭐ **바른 글자 익히기**

학생으 로 서 지켜야 할 학교 규칙이 있어요.

'-로서'는 '지위나 신분, 자격을 나타내는 말'입니다. 쓰임새가 다름에도 불구하고 발음이 비슷한 '-로써'와 헷갈려 하는 사람들이 있어요. '-로서'를 '-로써'로 잘못 쓰지 않도록 주의하세요.

✏️ **낱말을 바르게 따라 써 보세요.**

-	로	서

-	로	서

-	로	서

-	로	서

-	로	서

-	로	서

✏️ **문장을 바르게 따라 써 보세요.**

부	모	로	서		아	이	들	에	게
모	범	을		보	여		주	세	요	.

부	모	로	서		아	이	들	에	게
모	범	을		보	여		주	세	요	.

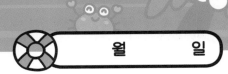
 **바른 글자 익히기**

쌀 로 써 떡을 만들어요.

'-로써'는 '어떤 물건의 재료나 원료, 어떤 일의 수단이나 도구를 나타내는 말'입니다. 쓰임새가 다름에도 불구하고 발음이 비슷한 '-로서' 와 헷갈려 하는 사람들이 있어요. '-로써'를 '-로서'로 잘못 쓰지 않도록 주의하세요.

📝 **낱말을 바르게 따라 써 보세요.**

-	로	써

-	로	써

-	로	써

-	로	써

-	로	써

-	로	써

📝 **문장을 바르게 따라 써 보세요.**

친	구	와		싸	우	더	라	도		대
화	로	써		풀	어	요	.			

친	구	와		싸	우	더	라	도		대
화	로	써		풀	어	요	.			

⭐ 바른 글자 익히기

나도 놀고 싶지 **마 는** 시간이 없어.

'-마는'는 '앞의 사실을 인정하면서도 그에 대한 의문이나 그와 어긋나는 상황들을 나타내는 말'입니다. 쓰임새가 다름에도 불구하고 발음이 비슷한 '만은'과 헷갈려 하는 사람들이 있어요. '-마는'을 '만은'으로 잘못 쓰지 않도록 주의하세요.

✏️ **낱말을 바르게 따라 써 보세요.**

-	마	는		-	마	는		-	마	는
-	마	는		-	마	는		-	마	는

✏️ **문장을 바르게 따라 써 보세요.**

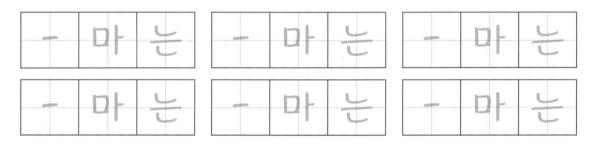

| 친 | 구 | | 집 | 에 | | 가 | 겠 | 다 | 고 | |
| 했 | 지 | 마 | 는 | | | 바 | 쁘 | 다 | . | |

| 친 | 구 | | 집 | 에 | | 가 | 겠 | 다 | 고 | |
| 했 | 지 | 마 | 는 | | | 바 | 쁘 | 다 | . | |

너 **만 은** 안 그럴 줄 알았어.

'만은'는 한정, 강조하는 말의 '만'에 '은'이 붙어서 생긴 말'입니다. 쓰임새가 다름에도 불구하고 발음이 비슷한 '-마는' 과 헷갈려 하는 사람들이 있어요. '만은'을 '-마는'으로 잘못 쓰지 않도록 주의하세요.

✏️ **낱말을 바르게 따라 써 보세요.**

만	은
만	은

만	은
만	은

만	은
만	은

✏️ **문장을 바르게 따라 써 보세요.**

공	부	가		그	렇	게		힘	들	지
만	은		않	아	요	.				

공	부	가		그	렇	게		힘	들	지
만	은		않	아	요	.				

125

바라다 / 바래다, 반드시 / 반듯이

★ 바른 글자 익히기

네가 공부를 잘하길 | 바 | 라 |.

저의 | 바 | 람 | 은 가족들의 행복입니다.

'바라다'는 '어떤 일이 이루어지도록 생각하다'라는 뜻이에요. '바람'은 '바라다'의 명사 형태입니다. '바라다', '바람'을 '바래다', '바램'으로 잘못 쓰지 않도록 주의하세요.

✏️ 낱말을 바르게 따라 써 보세요.

바	라	다

바	라	다

바	라	다

바	람

	바	람

	바	람

✏️ 문장을 바르게 따라 써 보세요.

다	음		받	아	쓰	기	에	서		꼭
다		맞	기	를		바	랄	게	.	

다	음		받	아	쓰	기	에	서		꼭
다		맞	기	를		바	랄	게	.	

★ 바른 글자 익히기

색깔이 **바 래 다** .

'바래다'는 '색이 변하다', '배웅해 주다'라는 뜻이에요. '바래다'를 '바라다'로 잘못 쓰지 않도록 주의하세요. 특히 소원을 빌 때 '바램'이라고 쓰는데 이는 잘못된 표현입니다.

✏️ 낱말을 바르게 따라 써 보세요.

바	래	다

바	래	다

바	래	다

바	래	다

바	래	다

바	래	다

✏️ 문장을 바르게 따라 써 보세요.

버	스		정	류	장	까	지		바	래
다		줄	게	.						

버	스		정	류	장	까	지		바	래
다		줄	게	.						

127

⭐ 바른 글자 익히기

반 드 시 **약속을 지켜요.**

'반드시'는 '틀림없이 꼭'이라는 뜻이에요. 그런데 '반듯이'로 쓰는 사람들이 있어요. '반드시'를 '반듯이'로 잘못 쓰지 않도록 주의하세요.

✏️ 낱말을 바르게 따라 써 보세요.

반	드	시		반	드	시		반	드	시
반	드	시		반	드	시		반	드	시

✏️ 문장을 바르게 따라 써 보세요.

다	음	에	는		반	드	시		통	과
할		거	예	요	.					

다	음	에	는		반	드	시		통	과
할		거	예	요	.					

책은 책장에 　반　듯　이　 꽂아요.

'반듯이'는 '생각이나 행동 따위가 비뚤어지거나 기울지 아니하고 바르게'라는 뜻이에요. 그런데 '반드시'로 쓰는 사람들이 있어요. '반듯이'를 '반드시'로 잘못 쓰지 않도록 주의하세요.

✏️ 낱말을 바르게 따라 써 보세요.

반	듯	이		반	듯	이		반	듯	이
반	듯	이		반	듯	이		반	듯	이

✏️ 문장을 바르게 따라 써 보세요.

공	부	할		때	는		반	듯	이	
앉	아	야		해	요	.				
공	부	할		때	는		반	듯	이	
앉	아	야		해	요	.				

안 / 않, 못 / 안

안 논다.

'안'은 부정 또는 반대의 뜻을 나타내는 '아니'의 준말입니다. '안'을 써야 하는 자리에 '않'으로 쓰는 사람들이 있어요. '안'을 '않'으로 잘못 쓰지 않도록 주의하세요.

✏️ **낱말을 바르게 따라 써 보세요.**

| 안 |
| 아 니 |

| 안 |
| 아 니 |

| 안 |
| 아 니 |

✏️ **문장을 바르게 따라 써 보세요.**

동	생	이		밥	을		안		먹	어
요	.									

동	생	이		밥	을		안		먹	어
요	.									

⭐ 바른 글자 익히기

놀지 **앉** **는** **다** .

'앉'은 부정의 뜻을 나타내는 '아니하-'의 준말입니다. '앉'을 써야 하는 자리에 '안'으로 쓰는 사람들이 있어요. '앉'을 '안'으로 잘못 쓰지 않도록 주의하세요.

✏️ 낱말을 바르게 따라 써 보세요.

앉		
아	니	하

앉		
아	니	하

앉		
아	니	하

✏️ 문장을 바르게 따라 써 보세요.

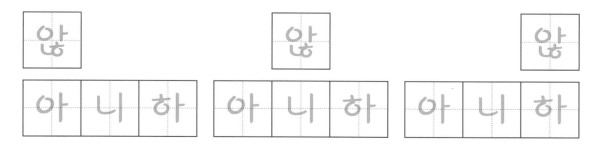

동	생	이		밥	을		먹	지		앉
아	요	.								

동	생	이		밥	을		먹	지		앉
아	요	.								

⭐ 바른 글자 익히기

문제가 너무 어려워서 **못** 하겠어요.

하기 싫어서 **안** 할래요.

부정을 뜻하는 '못'과 '안'은 분명히 구분해서 써야 합니다. '못'은 할 수 없는 경우에 사용하는 말이고, '안'은 하기 싫은 경우에 사용하는 말입니다.

✏️ 낱말을 바르게 따라 써 보세요.

못	못	못	못	못
안	안	안	안	안

✏️ 문장을 바르게 따라 써 보세요.

몸	이		아	파	서		학	교	에	
못		갔	어	요	.					

저	는		오	이	는		안		먹	을
래	요	.								

재미있는 쓰기 활동

✏️ 학생이 받아쓰기를 한 공책입니다. 틀린 것을 바르게 고쳐 쓰세요.

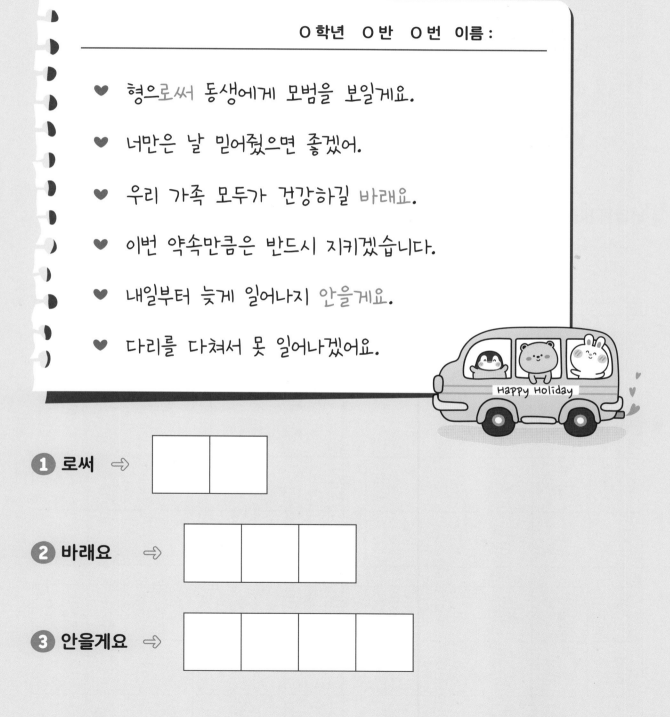

O 학년   O 반   O 번 이름 :

♥ 형으로써 동생에게 모범을 보일게요.

♥ 너만은 날 믿어줬으면 좋겠어.

♥ 우리 가족 모두가 건강하길 바래요.

♥ 이번 약속만큼은 반드시 지키겠습니다.

♥ 내일부터 늦게 일어나지 안을게요.

♥ 다리를 다쳐서 못 일어나겠어요.

1 로써 ⇨ ☐☐

2 바래요 ⇨ ☐☐☐

3 안을게요 ⇨ ☐☐☐☐

한참 / 한창, 어떻게 / 어떡해

⭐ 바른 글자 익히기

| 한 | 참 | 기다렸다.

'한참'은 '시간이 상당히 지나는 동안'이라는 뜻으로 '한동안'과 비슷한 말입니다.
발음이 비슷하지만, 뜻이 다른 '한참'와 '한창'을 헷갈려 하는 사람들이 있는데
잘못 쓰지 않도록 주의하세요.

✏️ 낱말을 바르게 따라 써 보세요.

한	참
한	참

한	참
한	참

한	참
한	참

✏️ 문장을 바르게 따라 써 보세요.

친	구	와		길	을		따	라		한
참		걸	었	다	.					

친	구	와		길	을		따	라		한
참		걸	었	다	.					

★ 바른 글자 익히기

개나리가 **한** **창** 피어나는 봄.

'한창'은 '어떤 일이 가장 활기 있고 왕성하게 일어나는 때'를 나타내는 말입니다.
'한창'과 '한참'을 헷갈려 하는 사람들이 있는데 잘못 쓰지 않도록 주의하세요.
'한창 동안'도 잘못된 표현입니다.

 **낱말을 바르게 따라 써 보세요.**

한	창
한	창

한	창
한	창

한	창
한	창

 **문장을 바르게 따라 써 보세요.**

가	족		회	의	가		한	창		진
행		중	이	다	.					

가	족		회	의	가		한	창		진
행		중	이	다	.					

⭐ 바른 글자 익히기

이 그림 **어 떻 게** 그렸어?

'어떻게'는 '어떠하다'의 줄인 말인 '어떻다'에 '게'가 붙은 말입니다. 발음이 비슷하지만 뜻이 다른 '어떡해'와 헷갈려 하는 사람들이 있어요. '어떻게'를 '어떡해'로 잘못 쓰지 않도록 주의하세요.

✏️ **낱말을 바르게 따라 써 보세요.**

어	떻	게

어	떻	게

어	떻	게

어	떻	게

어	떻	게

어	떻	게

✏️ **문장을 바르게 따라 써 보세요.**

할	머	니	,	요	즘		어	떻	게	
지	내	시	나	요	?					

할	머	니	,	요	즘		어	떻	게	
지	내	시	나	요	?					

약속을 안 지키면 **어 떡 해** !

'어떡해'는 '어떻게 하다'의 줄인 말인 '어떡하다'에서 온 말입니다. 발음이 비슷하지만 뜻이 다른 '어떻게'와 헷갈려 하는 사람들이 있어요. '어떡해'를 '어떻게'로 잘못 쓰지 않도록 주의하세요.

✏️ 낱말을 바르게 따라 써 보세요.

어	떡	해		어	떡	해		어	떡	해

어	떻	게		해			어	떻	게		해

✏️ 문장을 바르게 따라 써 보세요.

그	렇	게		가		버	리	면		나
혼	자		어	떡	해	.				

그	렇	게		가		버	리	면		나
혼	자		어	떻	게		해	.		

⭐ **바른 글자 익히기**

옷을 입은 **채** 물에 들어갔어요.

'채'는 '이미 있는 상태 그대로 있다'라는 뜻을 나타내는 말입니다. '채'를 써야 하는 자리에 '체'로 쓰는 사람들이 있어요. '채'을 '체'로 잘못 쓰지 않도록 주의 하세요.

✏️ **낱말을 바르게 따라 써 보세요.**

채	채	채	채	채
채	채	채	채	채

✏️ **문장을 바르게 따라 써 보세요.**

어	깨	에		기	댄		채	로		잠
들	었	어	요	.						

어	깨	에		기	댄		채	로		잠
들	었	어	요	.						

★ 바른 글자 익히기

못 본 체 (척) 하다.

'체'는 '그럴듯하게 꾸미는 거짓 태도나 모양'이라는 뜻으로 '척'과 같은 말입
니다. '체'를 써야 하는 자리에 '채'로 쓰는 사람들이 있어요. '체'을 '채'로 잘
못 쓰지 않도록 주의하세요.

✏️ 낱말을 바르게 따라 써 보세요.

체	체	체	체	체
척	척	척	척	척

✏️ 문장을 바르게 따라 써 보세요.

형	은		내		말	에		들	은	
체	도		않	는	다	.				

형	은		내		말	에		들	은	
척	도		않	는	다	.				

★ 바른 글자 익히기

입학할 나이가 되 다 .

'되다'는 '새로운 신분이나 지위를 가지다', '다른 것으로 바뀌거나 변하다'라는 뜻을 나타내는 말입니다. '되어'를 줄여서 '돼'라고 쓸 수 있지만, '되다'를 '돼다' 라고 잘못 쓰지 않도록 주의하세요. (되어 = 돼, 되었다 = 됐다)

✏️ 낱말을 바르게 따라 써 보세요.

되	다

되	다

되	다

되	다

되	다

되	다

✏️ 문장을 바르게 따라 써 보세요.

아	이	가		자	라	서		어	른	이
되	다	.								

아	이	가		자	라	서		어	른	이
되	다	.								

재미있는 쓰기 활동

✏️ **맞춤법이 알맞은 단어에 ○표 하고, 문장을 완성하세요.**

1 어떻게 / 어떡해 ➡️ 이 음식은 [ ][ ][ ] 요리해야 하나요?

2 한참 / 한창 ➡️ 아직은 [ ][ ] 뛰어놀 나이입니다.

3 되고 / 돼고 ➡️ 나는 가수가 [ ][ ] 싶어요.

4 채 / 체 ➡️ 너무 피곤해서 잠든 [ ] 했어요.

받아쓰기

정답 146쪽

🎧 받아쓰기 듣기

✏️ **문장을 잘 듣고 받아 써 보세요.** (정답 146쪽의 문장을 불러 주시거나 QR을 찍어 들려주세요.)

1

2

3

4

5

6

7

8

142

19쪽

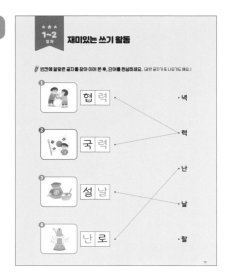

27쪽

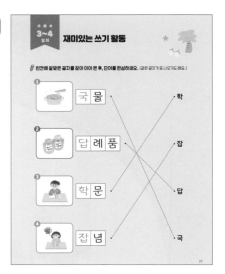

37쪽

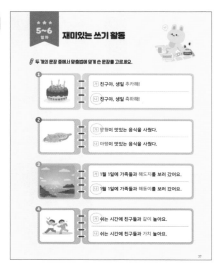

45쪽

59쪽

73쪽

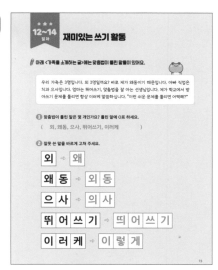

87쪽

★★★
15~17 일차 재미있는 쓰기 활동

다음 질문에 답해 보세요.

① '곱'과 '꼽' 중에 알맞은 단어를 써 보세요.

눈곱   배꼽

② 두 단어 중에 올바른 맞춤법에 ○ 표시를 하세요.

설레다 (설레이다)   헤매이다 (헤매다)

③ '왠'과 '웬' 중에 알맞은 단어를 써 보세요.

| 이 | 게 | | 웬 | | 떡 | 이 | 냐 | ? |

| 오 | 늘 | 은 | | 왠 | 지 | | 기 | 분 |
| 이 | | 좋 | 지 | | 않 | 다 | . | |

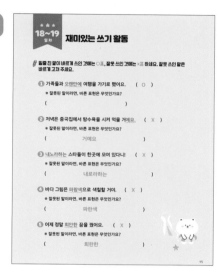

95쪽

★★★
18~19 일차 재미있는 쓰기 활동

밑줄 친 말이 바르게 쓰인 것에는 ○표, 잘못 쓰인 것에는 ×표 하세요. 잘못 쓰인 말은 바르게 고쳐 주세요.

① 가족들과 오랜만에 여행을 가기로 했어요. (○)
＊잘못된 말이라면, 바른 표현은 무엇인가요?
( )

② 저녁은 중국집에서 탕수육을 시켜 먹을 거에요. (×)
＊잘못된 말이라면, 바른 표현은 무엇인가요?
(거예요)

③ 내노라하는 스타들이 한곳에 모여 있다니! (×)
＊잘못된 말이라면, 바른 표현은 무엇인가요?
(내로라하는)

④ 바다 그림은 파랄색으로 색칠할 거야. (×)
＊잘못된 말이라면, 바른 표현은 무엇인가요?
(파란색)

⑤ 어제 정말 희안한 꿈을 꿨어요. (×)
＊잘못된 말이라면, 바른 표현은 무엇인가요?
(희한한)

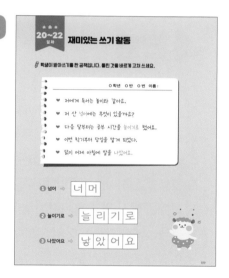

109쪽

★★★
20~22 일차 재미있는 쓰기 활동

학생이 받아쓰기를 한 공책입니다. 틀린 것을 바르게 고쳐 쓰세요.

○학년 ○반 이름:

♥ 저에게 독서는 놀이와 같아요.
♥ 저 산 넘어에는 무엇이 있을까요?
♥ 다음 달부터는 공부 시간을 늘이기로 했어요.
♥ 이번 학기부터 당임을 맡게 되었다.
♥ 닭이 어제 아침에 알을 나았어요.

① 넘어 → 너머

② 늘이기로 → 늘리기로

③ 나았어요 → 낳았어요

121쪽

★★★
23~25 일차 재미있는 쓰기 활동

다음 빈칸에 알맞은 단어를 찾아 그림 일기를 완성하세요.

보기
낫, 낮, 낯, 있다가, 이따가, 든, 던

| 년 | 월 | 일 | 요일 | 날씨 | ☀ ☁ ☂ |

낮	에		물	놀	이	를		했
어	요	.	이	따	가		저	녁	에
고	기	를		먹	기	로		했	어
요	.	삼	겹	살	이	든		목	살
이	든		다		좋	아	요	.	

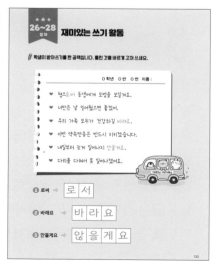

133쪽

★★★
26~28 일차 재미있는 쓰기 활동

학생이 받아쓰기를 한 공책입니다. 틀린 것을 바르게 고쳐 쓰세요.

○학년 ○반 이름:

♥ 형으로써 동생에게 모범을 보일게요.
♥ 너만은 날 믿어줬으면 좋겠어.
♥ 우리 가족 모두가 건강하길 바래요.
♥ 이번 약속만은 반드시 지키겠습니다.
♥ 내일부터 늦게 일어나지 안을게요.
♥ 다리를 다쳐서 못 일어나겠어요.

① 로써 → 로서

② 바래요 → 바라요

③ 안을게요 → 않을게요

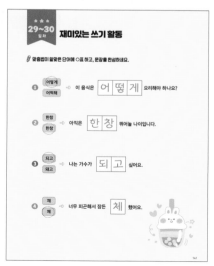

141쪽

★★★
29~30 일차 재미있는 쓰기 활동

맞춤법이 알맞은 단어에 ○표 하고, 문장을 완성하세요.

① 어떻게 / 어떡해 → 이 음식은 어떻게 요리해야 하나요?

② 한창 / 한참 → 아직은 한창 뛰어놀 나이입니다.

③ 되고 / 돼고 → 나는 가수가 되고 싶어요.

④ 체 / 채 → 너무 피곤해서 잠든 체 했어요.

1단원

1. 밤 10시 이후에는 음식점 문을 닫는다.
2. 대통령의 임기는 5년입니다.
3. 우리는 협력해서 문제를 해결했다.
4. 설날에는 어른들께 세배를 드려요.
5. 돌잔치에서 답례품으로 수건을 받았어요.
6. 합리적인 가격으로 컴퓨터를 구매했어요.
7. 시합을 앞두고 친구를 격려했어요.
8. 국물 한 방울 남기지 않고 다 먹었어요.

2단원

1. 그는 동생들을 잘 돌보는 착한 맏형이다.
2. 의자를 뒤로 젖혀도 될까요?
3. 나에게 굳이 보여 줄 필요는 없어.
4. 해돋이를 보며 새해 소원을 빌어요.
5. 고기를 깻잎에 싸서 먹어요.
6. 이 알약은 감기 걸렸을 때 먹어요.
7. 이나 잇몸이 아프면 치과에 가요.
8. 가을이 되면 나뭇잎이 예쁘게 물들어요.

3단원

1. 도서관에 가면 읽고 싶은 책이 많다.
2. 자고 일어났더니 몸이 괜찮다.
3. 깊은 산속에서 길을 잃다.
4. 다리를 쭉 뻗고 편하게 앉다.
5. 먹을 것이 없어 하루 종일 쫄쫄 굶다.
6. 신발 안으로 흙이 들어갔어요.
7. 그 학생은 예의와 인사성이 밝다.
8. 실수로 옆 사람 발을 밟다.

4단원

1. 바닷물은 왜 짠맛이 날까요?
2. 동생이 잘못했는데 괜히 나까지 혼났어요.
3. 곱셈 구구는 이제 저한테 너무 쉬워요.
4. 의사 선생님께서 주사를 놓아주셨어요.
5. 맞춤법과 띄어쓰기 연습을 꾸준히 하세요.
6. 과일을 접시 위에 가지런히 놓다.
7. 선생님께 칭찬을 받아서 기분이 좋다.
8. 이렇게 화려한 건물은 처음 봐요.

5단원

1. 아침에 세수하며 눈곱을 떼요.
2. 놀부는 죄 없는 하인을 닦달했다.
3. 물고기가 미끼를 덥석 물었어요.
4. 비가 그치고, 날씨가 활짝 갰다.
5. 내일 소풍을 가서 마음이 설레요.
6. 그들은 보물을 찾아서 한참을 헤맸어요.
7. 그는 우리 동네에서 내로라하는 부자이다.
8. 오랜만에 운동했더니 온몸이 아파요.

6단원

1. 형과 나는 같은 학교에 다녀요.
2. 도둑은 담을 넘어 다녀요.
3. 옷의 길이를 더 늘이기로 했어요.
4. 그는 맡은 일에 최선을 다하는 사람이다.
5. 물은 높은 곳에서 낮은 곳으로 흘러가요.
6. 지금은 바쁘니 이따가 이야기하자.
7. 아빠, 동생이 어제부터 머리가 아프대요.
8. 낫 놓고 기역 자도 모른다.